IT 천재, 부모들은
어떻게
키웠을까?

IT 천재, 부모들은
어떻게 키웠을까?

초판 1쇄 인쇄 | 2014년 1월 6일
초판 1쇄 발행 | 2014년 1월 10일

지은이 | 김희섭
펴낸이 | 박영욱 · 정희숙
펴낸곳 | 깊은나무

편집 | 이준호
마케팅 | 최석진 · 김태훈
표지 및 본문 디자인 | 서정희
법률자문 | 법무법인 광평 대표 변호사 안성용

주 소 | 서울시 마포구 서교동 468-2번지 4층
이메일 | deeptreebook@naver.com
페이스북 | bookocean
전 화 | 편집문의 : 02-325-9172   영업문의 : 02-322-6709
팩 스 | 02-3143-3964

출판신고번호 | 제2013-000006호

ISBN 978-89-98822-03-3 (13370)

IT 천재, 부모들은 어떻게 키웠을까?

김희섭 지음

깊은나무

천재의 뒤에는 언제나 부모가 있다

2012년 5월 18일, 전 세계의 눈이 28세의 청년 마크 저커버그에게 쏠렸다. 이날 세계 최대의 소셜 네트워크 서비스(SNS) '페이스북'이 미국 나스닥 증시에 상장되었다. 주식 공개를 통해 페이스북의 시가총액은 122조 원이 되었고, 주식 보유에 따른 저커버그 개인의 자산은 30조 원에 달하는 것으로 평가되었다. 또 저커버그 본인은 역사상 가장 단기간에 가장 많은 돈을 번 젊은이로 이름을 알렸다.

현재 전 세계 최고의 기업을 꼽으라면 누구나 '애플'을 거론한다. 페이스북은 장차 애플을 뛰어넘을 잠재력을 가진 회사로 주목받고 있다. 애플 이전에는 세계 최대의 소프트웨어 회사 '마이크로소프트'가 최고의 기업으로 스포트라이트를 받았다.

스티브 잡스(애플), 빌 게이츠(마이크로소프트), 마크 저커버그(페이스북), 세 사람은 IT 산업의 발전을 이끌어온 천재들로 높이 평가된다. IT뿐만이 아니라 사람들의 라이프스타일 자체를 바꿨다는 칭송도 쏟아진다. 마이크로소프트의 윈도가 없었으면 컴퓨터는 어떻게 사용할지, 아이폰 없이 짜투리 시간을 뭐하며 보낼지, 모처럼 멋지게 차려입고 사진을 찍었는데 페이스북이 없다면 친구들에게 어떻게 자랑할지 막막할 것이다.

이들 IT 천재들을 보면서 한 가지 궁금한 점이 생겼다. 필자는 10년 넘게 IT 업계를 취재하면서 이들의 창업과정과 기업성장에 대해 여러 기사를 써왔다. 그런데도 머리 한 구석에는 늘 풀리지 않는 의문이 있었다. 이들은 천재로 태어난 것일까, 아니면 천재로 길러진 것일까? 어떻게 하면 이들 같은 천재가 다시 나타날 수 있을까? 정부와 경제계에서 '제2의 스티브 잡스', '제2의 저커버그'를 키워야 한다는 말이 나올 때마다 이런 호기심은 더 강해졌다.

이것은 21세기 대한민국에 사는 부모들에게도 큰 관심사일 것이다. 보통의 부모들에게는 차기 대통령이 누가 될지, 부동산 경기가 어찌 될지, 내가 산 주식은 언제 오를지 같은 문제보다는 어떻게 하면 우리 아이를 저커버그 같은 천재로 키울 수 있을지가 더 중요한 일이다.

물론 자라온 가정환경이나 시대적 배경, 문화, 교육환경 등이 다르기 때문에 일률적인 규칙을 적용하기는 어렵다. 그런데도 이들 IT 천재 3인의 성장과정을 살펴보면 많은 공통점이 발견된다.

다들 머리는 좋았지만 인간관계는 매끄럽지 못했다. 학교에서는 말썽꾸러기였고, 수업시간에는 장난을 치거나 딴 짓을 하기 일쑤였다. 자신이 좋아하는 분야에는 끈질기게 매달렸고 유독 승부욕이 강했다. 수학과 과학 실력이 뛰어났으며 엄청난 독서량을 자랑했다. 기술에만 매몰된 것이 아니라 세상을 폭넓게 이해하는 안목과 사업가적 기질을 겸비한 '융합형 인재'였다.

천재들의 뒤에는 천재를 길러낸 부모들이 있었다. 이들은 그냥 하늘에서 뚝 떨어진 존재가 아니다. 출생환경이나 성장배경은 제각각 달라도 이들에게 여러 공통점이 발견되는 것은 부모들의 자녀 교육방식에서도 비슷한 점이 많다는 뜻으로 해석할 수 있다.

게이츠는 부유한 변호사 집안에서 유복하게 자랐다. 저커버그는 부모가 의사인 중산층 가정에서 태어났다. 잡스는 자동차 수리공의 서민 집안에 입양됐다. 언뜻 봐도 셋의 배경은 전혀 다르다.

하지만 자녀를 키우는 데 부의 크기나 배경이 결정적인 것은 아니었다. IT 천재들이 무엇을 좋아하고 어떤 인생을 살 것인지, 어떤 목표를 세워 정진하게 할 것인지에 대해서는 부모의 역할이 가장 크고 중요했다. 이들이 각종 언론 인터뷰에서 가족을 중시하고 부모를 존경한다고 말한 것은 괜한 소리가 아니었다.

잡스, 게이츠, 저커버그의 부모가 자녀를 키운 과정을 살펴보는 일은 대한민국의 부모들에게도 큰 도움이 될 것이다. 우리나라 부모의 교육열은 이들에게 절대 뒤지지 않는다. 오히려 훨씬 뛰어나다고 할 수 있다. 입시제도가 바뀔 때마다 자녀를 어느 학원에 보내는 것이 유리한지 따지는 것도 물론 필요한 일이다. 하지만 더 중요한 것은 자녀의 시각에서 자녀를 바라보며 자녀가 무엇을 원하고, 어느 분야에 재능이 있는지 발견해서 적극적으로 지원해주는 것이 아닐까? 그냥 하고 싶은 대로 내버려두는 자유방임형 교육이 아니라 세심한 관찰과 보살핌, 헌신적인 애정이 필요한 그런 교육 말이다.

IT 천재 3인의 부모들은 구체적인 방식은 달라도 대체적으로 비슷한 교육환경을 만들어 주었다. 이 책에 나오는 방법을 그대로 따라한다고 제2의 스티브 잡스가 나온다고 장담하기는 힘들다. 하지만 적어도 부모들이 차분하게 마음을 가라앉히고 '자신의 욕망'이 아니라 '자녀가 꿈꾸는 미래'가 어떤 것인지 생각해보는 계기는 될 것이라고 본다. 이 책에서 IT 천재 3인을 길러낸 부모들의 교육법을 소개하는 이유가 바로 그것이다.

이 책을 쓰는 데 많은 도움을 준 조선일보 선후배 동료들에게 감사드린다. 늘 한결같은 모습으로 곁에서 힘이 되어준 가족들에게도 고맙다는 말을 하고 싶다. 그리고 약속한 마감날짜를 한참이나 넘겼는데도 재촉하지 않고 늘 웃음으로 격려하고 기다려준 북오션 박영욱 대표와 출판사 관계자 분들께도 감사드린다. 무엇보다 빌 게이츠가 만든 MS 윈도, 스티브 잡스의 아이폰, 마크 저커버그의 페이스북이 이 책을 완성하는 데 결정적인 도구가 됐다.

2013년 12월 북악산 자락에서

김희섭

머리말 • 4

Chapter 01

마크 저커버그

전 세계인의 마음을 하나로 묶은 122조 원 회사의 20대 CEO

빌 게이츠

세계 최고의 부자에서 세계 최고의 자선 사업가로 변신한 IT 천재

IT 천재들의 부모들

그들의 뒤에는 언제나 부모가 있었다

Mark Zuckerberg

전 세계인의 마음을 하나로 묶은
122조 원 회사의 20대 CEO

Chapter 01
마크
저커버그

제가 IT를 통해 사람과 사람을 연결하는 일에

관심을 갖게 된 것은 부모님의 영향이 제일 컸습니다.

어렸을 때는 무엇인가를 만드는 것이 정말 즐거웠습니다.

그리고 프로그래밍에 강해지면 더 많은 소프트웨어를

만들어낼 수 있음을 깨달았습니다.

저는 아직 어린아이입니다. 그래서 금방 싫증을 냅니다.

하지만 컴퓨터를 향한 열정만은 뜨겁습니다.

— 마크 저커버그

 # 슬리퍼를 질질 끌고 다니는
20대 청년 갑부

갈색 곱슬머리에 매부리코, 헐렁한 후드 티셔
츠를 아무렇게나 걸쳐 입은 채 슬리퍼를 질질 끌고 다니는 젊은이.
지극히 평범해 보이는 인상의 이 청년은 역사상 가장 짧은 기간에
가장 많은 돈을 벌어들인 인물이다.

페이스북 창업자이자 최고경영자인 마크 저커버그(Mark
Zuckerberg). 페이스북 최대 주주인 그의 재산은 약 30조 원에 달한
다. 〈포브스〉에 따르면 전 세계 부자 랭킹 33위다. 이는 우리나라에
서 가장 부자라는 삼성 이건희 회장의 재산보다 3배가량이나 많은
금액이다.

그의 나이가 아직 20대라는 말을 들으면 사람들은 더욱 놀란다.
보유 재산을 현재 나이로 나눠서 산출하는 '나이 조정 갑부 순위'로

보면 저커버그가 세계 1위다. 1984년생인 그의 나이를 감안하면 1년에 4조 원 이상을 벌어들인 셈이다. 2011년 전문가들은 페이스북의 가치를 1,000억 달러(약 120조 원)로 추산했다. 실제로 페이스북은 2012년 5월 뉴욕 나스닥 증권시장에 정식으로 상장되었고 시가총액은 122조 원에 이르렀다.

● 페이스북 나스닥 상장의 순간

저커버그는 단지 돈이 엄청나게 많다고 해서 사람들의 주목을 받는 것이 아니다. 그는 전 세계 사람들의 생활방식에 지대한 영향을 끼친 인물이다.

 # 스무 살 천재가 만들어낸 페이스북

저커버그가 스무 살 때인 2004년 하버드 대학교 기숙사에서 만든 페이스북은 8년 만에 전 세계 8억 명이 이용하는 세계 최대의 소셜 네트워크 서비스(SNS)로 성장했다. 지금 전 세계 사람들이 시간 날 때마다 가장 많이 즐기는 여가활동 중의 하나가 페이스북이다. 친구들을 사귀고 대화하는 방식 자체가 예전과는 획기적으로 달라졌다. "친구들끼리 소식을 전하고, 모르는 사람들과도 쉽게 친구가 될 수 있는 열린 세상을 만들고 싶다"는 저커버그의 소박한 생각이 실현된 것이다.

● 〈타임〉 선정 2010년 올해의 인물, 마크 저커버그

친구들과 간편하게 안부를 주고받고 사진이나 동영상을 보낼 수도 있는 페이스북은 남녀노소를 불문하고 모두를 단번에 사로잡아버리는 매력을 갖고 있다. 페이스북 덕분에 바다 건너에 있는 친구와 소식을 주고받고 전 세계 사람들과 친구가 될 수 있다.

시사주간지 〈타임〉은 2010년 12월 세상에서 가장 영향력이 큰 '올해의 인물'로 마크 저커버그를 선정했다. 타임은 "사람들의 인맥을 연결하는 새로운 정보교류 시스템으로 우리 모두의 라이프스타일을 바꿨다"고 선정 이유를 밝혔다.

페이스북을 온라인상에서 활동하는 국가라고 본다면 저커버그는 인구 8억 명의 거대한 제국을 이끌어가는 지도자다. 중국, 인도 다음으로 인구(회원)가 많은 나라다. 페이스북이 새로운 서비스를 내놓으면 이는 8억 명에게 동시에 영향을 미친다. 그야말로 거대한 온라인 영향력이다.

정치인이나 연예인 등은 페이스북을 통해 자신의 근황을 팬들에게 알린다. 트위터의 팔로어처럼 페이스북 친구가 몇 명이냐는 것은 그 자체로 재산이자 권력이다. 그 사람의 인맥이 어느 정도로 폭넓고 다양한지 보여주기 때문이다. 기업들도 페이스북을 효과적인 마케팅 수단으로 활용 중이다. 페이스북의 인기는 갈수록 높아지고 있다. 컴퓨터뿐만 아니라 스마트폰이나 태블릿PC로도 간편히 접속할 수 있어 사용자는 계속 늘어나는 추세다.

페이스북이 웬만한 게임보다 훨씬 재미있다는 사람도 많다. 아침부터 밤까지 온종일 페이스북을 끼고 사는 통에 SNS(소셜 네트워크 서비스) 중독에 걸린 사람도 적지 않다. 잠시라도 SNS를 하지 않으면 불안해서 견디지 못하는 것이다. 저커버그가 이런 문제를 책임져야 한다고 주장하는 사람도 있다. 저커버그는 이런 지적에 대해 일일이 왈가왈부하지 않는다. 다만 유용한 도구인 칼이 사람을 해칠 수 있다고 해서 칼 만든 사람을 처벌해서는 안 된다는 말이 그의 생각을 대변한다.

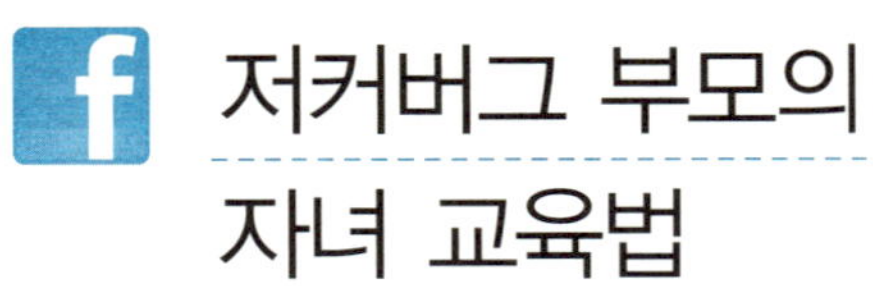

저커버그 부모의 자녀 교육법

● 저커버그의 부모인 에드워드와 카렌

저커버그는 원래부터 천재적 재능이 있었기 때문에 이런 대성공을 이룬 것일까? 아니면 그냥 운이 좋아서 대박을 친 것일까? 물론 재능과 운도 따랐겠지만 자녀의 적성을 조기에 파악하고 재능을 꽃피게 도와준 저커버그 부모의 교육열이 없었다면 오늘날 우리가 사용하는 페이스북도 탄생하기 어려웠을 것이다.

저커버그의 성공 배경에는 부모의 세심한 관찰과 맞춤형 교육이 자리 잡고 있다. 그의 부모는 아들이 어려서부터 컴퓨터와 IT(정보기술)에 대한 뛰어난 관심과 집중력을 보이는 것을 보고 아들이 컴퓨터 천재로서 재능을 발휘할 수 있도록 교육과 지원을 아끼지 않았다.

막연히 "훌륭한 사람이 되려면 열심히 공부해야 한다"고 채근한 것이 아니다. 자녀가 어떤 분야에 흥미를 느끼는지, 지적 능력이 어느 수준인지 파악해서 적절한 교육과정을 제시하며 이끌었다. 학교 수업과 별도로 개인 과외교사를 붙여주기도 했고, 아직 중학생인 저커버그를 대학원 수업에 데려가 청강을 시키기도 했다.

싫어하는 일을 억지로 시킨 적은 한 번도 없었다. 그저 자녀가 좋아하는 일을 더 잘 할 수 있도록 창의성을 길러주고 도전정신을 키워준 것이다.

저커버그도 "내가 IT를 통해 사람과 사람을 연결하는 일에 관심을 갖게 된 것은 부모님의 영향이 제일 컸다"고 말한다. 하버드를 다니던 아들이 학교를 중퇴하고 벤처기업을 창업한다고 했을 때도 말리기는커녕 "그거 정말 재미있겠다. 네 생각대로 멋지게 한번 해보렴"하고 격려를 아끼지 않았다.

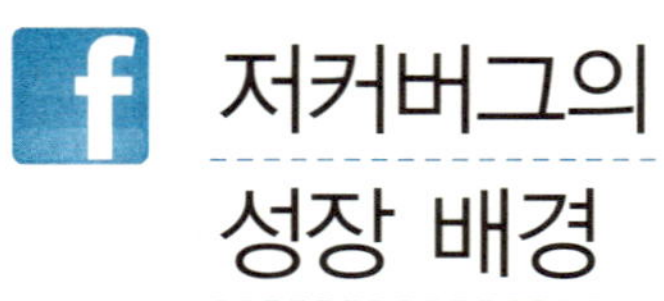

저커버그의
성장 배경

저커버그는 1984년 5월 14일 미국 뉴욕주 화이트 플레인스에서 태어났다. 아버지 에드워드는 치과의사, 어머니 카렌은 정신과 의사로 비교적 유복한 가정환경이었다.

저커버그는 남매 중 유일한 사내아이로 2살 터울의 누나 랜디와 아래로 여동생 도나, 애리엘이 있다. 이들 남매는 우애가 깊었고 서로 어울려 장난치며 노는 걸 좋아했다. 특히 하버드대 심리학과를 나온 누나 랜디는 나중에 동생 저커버그가 페이스북을 창업할 때 합류해 마케팅 책임자로 일하며 회사가 성장하는 데 큰 역할을 했다.

● 저커버그의 어린 시절

아버지 에드워드는 지금도 뉴욕시에서 북쪽으로 45분 정도 떨어진 돕스페리에서 개인 치과병원을 운영한다. 어머니 카렌은 남편의 병원 운영을 돕고 있다. 아들이 엄청난 돈을 벌었지만 부부는 예전과 다름없이 직접 환자를 진료한다.

아버지 에드워드는 매사에 낙천적이고 유머 감각이 뛰어난 인물이다. 그는 병원 입구에 '고통 없는 의사 Z(Painless Dr.Z)' 라는 간판을 걸어놓았다. 치과 치료를 무서워하는 어린이들을 위해 친근한 문구를 표시한 것이다. 병원 웹 사이트에도 '겁쟁이 전문(We cater to cowards)' 이란 내용이 있다.

● 아버지 에드워드 저커버그

에드워드는 페이스북에 병원 홍보 페이지를 따로 만들어 운영할 정도로 아들에 대한 애정과 자부심이 대단하다. 페이스북 친구에게 이 치과를 소개하는 사람에게는 치아 미백제 같은 선물을 주는 이벤트도 종종 벌인다. 이 치과의 페이스북 친구는 1,000명이 넘는다. 어릴 때 아들에게 컴퓨터를 가르쳐주던 아버지가 이제는 아들이 개발한 페이스북으로 홍보 효과를 톡톡히 누리는 셈이다.

에드워드의 치과병원과 집은 바로 붙어있다. 1층이 병원이고 2층이 가족들과 같이 사는 집이다. 그 덕에 저커버그의 부모는 자녀들과 많은 시간을 함께 보냈다. 일과시간에도 틈틈이 자녀들이 어떻게 성장하는지 곁에서 항상 지켜보았다.

저커버그 남매들도 자주 병원을 들락거렸다. 병원 간호사, 직원들과도 한 가족처럼 지냈다. 에드워드는 병원 일이 끝나면 늘 가족과 시간을 보냈다. 아빠로서 엄격한 권위를 내세우기보다는 아이들과 격의 없이 장난치고 노는 것을 더 좋아했다.

저커버그의 장난기 넘치면서도 치밀한 면모를 보여주는 일화가 있다. 어린 시절 그는 누나, 여동생과 함께 캠코더로 인기 SF영화 〈스타워즈〉를 흉내내 우스꽝스러운 비디오영화 '얼간이 스타워즈'를 만들었다. 각본, 촬영, 감독, 주연 등을 저커버그 혼자서 도맡았다. 며칠간에 걸쳐 시나리오를 쓰고 가면, 의상, 광선검 등 소품도 준비했다. 저커버그는 스타워즈에 나오는 다스베이더처럼 검은 가면을 쓰고 나와 뒤뚱거리며 광선검을 휘둘렀다. 비디오를 본 부모는 배를 잡고 웃어댔다. 아버지 에드워드는 아직도 이 비디오를 소중히 간직하고 있다.

1999년 말에 있었던 에피소드도 저커버그의 장난기를 유감없이 보여준다. 컴퓨터에 관심이 많았던 아버지 에드워드는 Y2K 문제가 실제로 발생할까 봐 걱정이 많았다. '밀레니엄 버그'라고도 부른 Y2K는 1999년 12월 31일에서 2000년 1월 1일로 넘어갈 때 각종 컴퓨터와 전산 시스템의 시계 기능이 오작동을 일으켜 전 세계가 대

혼란에 빠질지도 모른다는 예상이었다. Y는 연도(Year)의 첫 글자를 딴 것이고 K는 1000(Kilo)에서 온 것으로 2000년을 가리킨다.

문제는 당시 컴퓨터가 날짜를 기억할 때 두 자리로만 인식했기 때문에 비롯됐다. 월과 일 부분은 문제가 되지 않지만 연도의 부분, 예를 들면 1992년은 92년, 1993년은 93년으로 인식해 왔기 때문에 99 이후에 올 2000년, 즉 00을 어떻게 받아들일지 아무도 알 수 없었다. 은행 업무가 마비되고 비행기와 철도가 운행 도중 길을 잃는 일이 발생할 수 있다는 전문가들의 경고가 이어졌다. 각국 정부와 기업들은 막대한 돈을 들여 두 자리로 돼 있던 연도 표기를 네 자리로 수정하는 작업을 벌였다. 하지만 모든 문제가 완벽하게 수정됐는지는 아무도 몰랐다. 2000년이 닥치면 무슨 일이 생길지 불안한 심리가 확산됐다.

컴퓨터에 관심이 많았던 저커버그의 아빠 에드워드는 Y2K 문제에 대해 특히 걱정을 많이 했다. 하지만 저커버그와 누나 랜디는 이 문제에 대한 심각성을 전혀 몰랐다. 그래서 Y2K를 무서워하던 아빠를 놀려주자고 작전을 짰다.

1999년 12월 31일 둘은 자정이 될 때까지 함께 잠을 자지 않고 기다렸다. 두 아이는 날짜가 바뀌는 순간인 자정이 되자 집안에 전기를 공급하는 두꺼비집의 스위치를 내렸다. 그러자 컴퓨터, TV, 전등불이 모두 꺼져버렸다. 아버지 에드워드는 혼비백산했다.

“오, 맙소사! 이런 일이 진짜 생기다니! 여보, 큰일 났어! 애들아, 방에서 움직이지 말고 가만히 있거라.”

남편의 놀란 목소리를 들은 엄마 카렌도 혼비백산했다. 컴퓨터에 익숙하지 않았던 카렌은 그전까지는 남편이 아무리 Y2K에 대해 얘기해도 그냥 그러려니 하고 신경을 쓰지 않았다. 그런데 갑자기 집 안이 캄캄해지자 그제야 대재앙이 닥치는 게 아닌가 해서 불안감이 커졌다. 카렌은 남편 에드워드의 손을 꼭 잡고 더 이상 무서운 일이 벌어지지 않도록 간절히 기도하는 수밖에 없었다.

아빠와 엄마가 허둥지둥 하는 모습을 보고 아이들은 깔깔대며 배를 잡고 웃었다. 벽장 근처에 몰래 숨어있던 저커버그는 누나 랜디와 함께 거실로 나왔다.

“아빠, 걱정 마세요. 이건 우리가 장난친 거라고요. 아무 일 없어요.”

그리고는 현관 근처에 있는 두꺼비집의 스위치를 다시 올렸다. 그러자 집안의 불이 켜지고 예전과 다름없이 평온한 일상으로 돌아갔다.

어쩔 줄 몰라 당황하던 아버지 에드워드는 그제야 사태를 파악했다. 자녀들이 자신을 놀리려고 짜놓은 장난에 보기좋게 넘어간 걸 알았다.

“예끼, 장난꾸러기들 같으니. 간 떨어지는 줄 알았구나.”

에드워드는 너털웃음을 터뜨렸다. 짓궂은 장난을 친 아이들을 혼내지도 않았다. 오히려 "이런 생각을 해내다니 참 재미있네"라며 너그럽게 용서했다. 엄마 카렌도 "애들아, 다음에는 장난을 치더라도 엄마 아빠가 너무 놀랄 만한 건 안 했으면 좋겠구나" 하며 가슴을 쓸어내렸다.

위험성이 너무 과장됐다는 지적이 나왔고, IT업체들만 떼돈을 벌게 해준 게 아니냐는 말도 나왔지만, 전 세계가 우려했던 Y2K 문제는 별 사고 없이 무사히 넘어갔다.

좋은 부모는 아이들의 질문에 귀찮아하지 않는다

저커버그의 부모는 자녀들이 자신들의 뒤를 이어 의사가 되어야 한다는 생각은 하지 않았다. 이들은 "우리가 특정한 방향으로 자녀의 삶을 이끌기보다는 아이의 강점과 좋아하는 것을 먼저 파악해 도움을 줍시다"라는 공통된 생각을 품고 있었다.

에드워드와 카렌은 자녀들의 호기심과 창의력을 길러주느라 애썼다. 아이들은 원래 세상에 태어나 처음으로 접하는 일에 대해 궁금한 게 많고, 부모들은 늘 아이의 질문 공세에 시달린다. 흔히 보는 나무나 새의 이름을 묻는 것이라면 다행이다. 하지만 "왜 가끔 낮에도 달이 보여요?"와 같이 과학적인 설명이 필요한 질문을 해 부모들을 난처하게 만들 때도 종종 있다. 어린 자녀들이 흔히 그렇듯 저커버그도 끝도 없이 질문을 했다. 그래도 그의 부모는 절대 귀찮아하지 않고 아이들이 이해할 수 있게 차근차근 설명해줬다.

최근 영국 맨체스터대 물리학과의 브라이언 콕스 교수가 5~16세 자녀를 둔 학부모 2,000명을 대상으로 실시한 설문조사의 결과가 흥미롭다. 조사에 따르면 부모의 3분의 2는 과학과 관련된 아이의 질문이 가장 곤혹스럽다고 답했다. 3분의 1은 그런 질문을 매일 받는다고 말했다.

부모들은 아이들이 묻는 5대 과학 난제(難題)로 "달이 왜 낮에 나와 있어요?"와 함께 "하늘은 왜 파래요?", "외계인을 발견할 수 있을까요?", "지구의 무게는 얼마나 돼요?", "비행기는 어떻게 하늘을 날아요?" 등을 꼽았다. 부모의 31퍼센트는 이런 질문에 답하기 위해 '직접 답을 찾아본다'고 했지만, 나머지는 '아무도 모르는 일'이라고 얼버무리거나, 아내나 남편에게 답을 미루는 것으로 나타났다.

자녀들의 질문에 "엄마는 바쁘니까 아빠한테 물어봐"라거나 "책을 찾아보면 나올 거야"라는 식으로 얼버무리면 곤란하다. 부모가 이런 식으로 반응하면 아이들은 호기심을 잃어버리고 서서히 창의성이 사라진다. "그래", "아니야"라는 식의 ○, × 답변은 아이들이 세상을 흑백논리로 보게 만들 우려가 있다. "넌 그런 것도 모르냐", "전에 가르쳐줬잖아"라는 식으로 면박을 주면 주눅이 들어 아이들이 입을 닫아버리고, 생각의 성장도 거기서 멈춰버릴 수 있다.

저커버그의 부모가 공부를 많이 한 의사이긴 해도 자녀들이 궁금해하는 모든 걸 다 알지는 못했다. 자신들이 잘 모르는 질문을 아이들이 하면 가능한 한 여러 자료를 찾아보고 자녀에게 대답해줬다. 집에 있는 『브리태니커 백과사전』을 비롯해 여러 과학책을 일일이 뒤져본 것은 기본이다. 그래도 도저히 모르는 어려운 과학 질문을 할 때는 친구인 대학교수에게 전화를 걸어 물어보기까지 했다. 아버지 에드워드의 말이다.

"저커버그는 의지가 강하고 끈질긴 아이였어요. 보통 아이들의 질문에는 단순히 예나 아니요로 대답할 수 있지만 저커버그가 물어볼 때는 사실과 경험, 논리 그리고 이성이 뒷받침된 강력한 근거로 무장해야 했어요. 자기가 이해할 수 있는 답을 얻기 전까지는 절대 물러서지 않았거든요."

저커버그도 "부모님에게 질문을 하면 절대 귀찮아하지 않고 내가 알아들을 때까지 차근차근 설명해줬다"고 말했다. 호기심 가득한 어린 저커버그에게는 부모님이 가장 훌륭한 백과사전이자 멘토였다.

참고로 어린이들이 궁금해하는 5대 난제에 대한 과학적인 답은 이렇다.

① 달이 왜 낮에 나와 있어요

달은 스스로 빛을 내지 않고 햇빛을 반사시켜 우리 눈에 보인다. 보통 달은 해가 진 뒤 뜨고 해가 뜨기 전에 진다고 생각한다. 이는 지구에서 볼 때 태양의 정반대 위치에 있는 보름달에만 해당한다. 다른 위치에 있을 때는 낮에도 달이 보인다. 다만 햇빛이 강하고 보름달보다 크기가 작아 눈에 잘 띄지 않을 뿐이다. 낮에 뜬 달도 태양과 멀리 떨어져 있거나 햇빛이 약할 때는 흐릿하게나마 모양을 알아볼 수 있다.

② 하늘은 왜 파래요

태양이 쏜 햇빛은 지구에 와서 아주 작은 공기 입자들과 부딪히고 반사돼 우리 눈에 들어온다. 그중 파장이 짧은 파란색 빛이 작은 공기 입자와 잘 부딪혀 가장 많이 반사되므로 하늘이 파랗게 보인다.

과학적인 원리는 이렇지만 빛의 파장이나 반사 개념 같은 걸 이해시키려면 부모들이 고생을 할 것 같다. 그래도 바다가 푸른 이유를 물어볼 때 "파란 하늘빛이 바다에 비쳐서 그렇다"고 설명하면 쉽게 알아들을 것이다.

③ 외계인을 발견할 수 있을까요

외계인의 존재 여부는 어른들에게도 궁금한 일이다. 현재 과학기술로는 아직 알 수 없다는 게 정답이다. 드넓은 우주에 지구 외에도 얼마든지 생명체가 살 수 있고, 그 생명체들이 인류보다 더 뛰어난 문명을 세웠을지도 모르는 일이다. 과학자들은 최근 지구와 비슷한 크기와 환경을 가진 행성이 우리 은하에 많다는 사실을 확인했다. 과학소설이나 영화에 보면 수도 없이 많은 외계인들이 나오지만 현실로 등장한 적은 없다. 미국 정부가 지구에 추락한 UFO(미확인 비행물체)에서 외계인 시신을 발견해 비밀리에 보관 중이라는 음모론도 있지만 실체는 불분명하다.

④ 지구의 무게는 얼마나 돼요

무게는 물체에 작용하는 중력의 크기다. 중력이 달라지면 무게도 달라진다. 중력이 없는 우주에서 지구의 무게를 재면 당연히 '0'이 된다. 지구보다 중력이 약한 달에서는 무게가 지구의 6분의 1로 줄어든다.

이에 비해 질량은 중력에 상관없이 일정하다. 질량은 물체들이 서로 끌어당기는 만유인력의 원인이 되는 절대적인 값이다. 두 물체 사이에 작용하는 인력은 물체 질량의 곱에 비례하고, 물체 사이 거리의 제곱에 반비례한다. 이를 이용해 지구의 질량을 구하면 5.9722×1024킬로그램, 즉 약 59해 7,000경 톤이다. 질량과 무게의 차이는 어른들도 항상 헷갈리는 개념이다.

⑤ 비행기는 어떻게 하늘을 날아요

물체가 빨리 움직이면 공기의 흐름에 따라 상하좌우로 작용하는 힘이 생긴다. 비행기 날개의 단면을 보면 위는 불룩 솟아 있고 아래는 평평하다. 이 상태에서 빠른 속도로 달리면 위쪽이 아래쪽보다 공기가 빨리 흐른다. 이렇게 되면 날개 위쪽이 아래쪽보다 공기압력이 낮아져 비행기를 뜨게 하는 양력(揚力)이 발생한다. 양력이 비행기를 아래로 끌어당기는 중력보다 크면 비행기는 공중에 뜰 수 있다.

 좋은 부모는 아이의 영재성을
조기에 파악하기 위해 애쓴다

저커버그가 태어난 1980년대 중반은 컴퓨터 산업이 급속히 발전하기 시작한 시기다. 스티브 잡스의 애플, 빌 게이츠의 마이크로소프트가 사무실과 집집마다 개인용 컴퓨터를 보급하는 데 결정적인 역할을 했다. 사람들은 그동안 손으로 직접 쓰거나 타자기로 작성하던 문서들을 컴퓨터로 만드는 게 훨씬 편리하다는 걸 깨달았다. 다양한 글꼴로 예쁘게 편집해 프린터로 출력할 수도 있어 반응은 폭발적이었다. 가정에서는 가계부 정리, 학교에서는 학생의 성적표 처리, 기업에서는 회계 업무 같은 일에 컴퓨터가 널리 사용됐다. 인터넷 서비스는 1990년대 말에야 본격적으로 사용되기 시작했다.

저커버그의 아버지 에드워드는 특히 컴퓨터에 관심이 많았다. 직접 데이터베이스 프로그램을 짜서 병원 환자관리에 이용하고 병원과 집에서도 직접 만든 회계 프로그램을 사용해 수입과 지출 관리를 할 정도로 컴퓨터에 능숙했다. 병원은 물론이고 집에도 여러 대의 컴퓨터가 있었다.

에드워드는 자신이 컴퓨터 작업을 할 때 어린 저커버그가 옆에 착 달라붙어 호기심을 보이는 점에 주목했다. 저커버그는 단순히 컴퓨터 키보드를 이것저것 눌러보는 수준이 아니라 내부의 작동 원리를 이해하려고 했다. 다른 아이들이 테트리스 같은 컴퓨터 게임에 빠져있을 때 저커버그는 "아빠, 컴퓨터 화면에 블록이 나타나게 만들려면 어떻게 하는 거에요"라고 묻는 식이었다. 만약 에드워드가 아들에게 "그런 건 나중에 학교 가서 배워"라고 하며 귀찮아했다면 오늘날 페이스북은 탄생하지 않았을 것이다.

에드워드는 아들이 아홉 살이 되자 직접 정식으로 컴퓨터 프로그래밍을 가르쳤다. 저커버그는 스펀지가 물을 흡수하듯이 아빠의 컴퓨터 교육을 받아들였다. 저커버그에게 컴퓨터는 영화 〈스타워즈〉의 광선검보다 더 신기한 장난감이었다. 무서운 집중력을 보인 그는 금방 아타리 베이직(Atari Basic) 프로그램을 능숙하게 다루는 수준으로 발전했다. 컴퓨터 앞에 앉으면 게임에 빠져드는 또래 아이들과 달리 저커버그는 게임 자체를 만드는 일을 즐겼다.

얼마 지나지 않아 에드워드는 아들의 실력이 자기보다 뛰어나다는 걸 알았다. 그래서 저커버그가 열한 살이 되자 결단을 내렸다. 소프트웨어 전문 개발자를 과외교사로 채용해 자기 대신 저커버그를 가르쳐 달라고 한 것이다. 당시는 우리나라에도 수많은 컴퓨터 학원이 생겨나 어린이들이 필수적으로 다녀야 하는 코스처럼 인기를 끌던 시기였다. 하지만 초등학생이 전문 프로그래머에게 과외를 받는 경우는 드물었다.

에드워드는 컴퓨터 산업이 미래에 아주 중요한 위치를 차지할 것임을 직감하고, 아이의 영재성을 조기에 파악해 맞춤형 교육으로 아이의 재능을 더 크게 키워줬다.

에드워드는 과외교사를 구하기 위해 지역신문에 구인광고를 내고 IT 산업에 종사하던 친구들에게서도 추천을 받았다. 여러 사람을 면접한 끝에 데이비드 뉴먼이라는 컴퓨터 프로그래머를 택했다. 프리랜서였던 그는 기업체에서 일감을 받아 작업하는 틈틈이 시간을 내서 저커버그의 집으로 찾아왔다. 그는 초등학생인 저커버그를 붙잡고 컴퓨터 앞에 앉아서 기초부터 차근차근 체계적으로 가르치기 시작했다.

데이비드 뉴먼도 저커버그가 예사로운 아이가 아니란 걸 금방 깨달았다. 저커버그는 워낙 학습 속도가 빨라 뉴먼이 준비해온 과정보다 항상 앞서나갔다. 예를 들어 컴퓨터 화면에 둥근 원을 그리는 방법을 설명하려고 하면 저커버그는 "아저씨, 그건 어제 책 보고 다 배웠어요. 오늘은 다른 거 가르쳐 주세요"라고 말하는 것이었다. 그는 "저커버그는 내가 본 아이들 중에 가장 실력이 뛰어난 컴퓨터 영재였다"며, "어린 아이답지 않게 프로그래밍을 정말 좋아했고, 특히 사람들 간의 커뮤니케이션에 관한 기술과 게임 제작에 관심이 많았다"고 말했다.

저커버그는 아버지의 기대에 훌륭하게 부응했다. 저커버그가 열세 살 때의 일이다. 에드워드가 가족들과 식사를 하면서 "우리 치과의 직원이 소리를 지르지 않아도 환자가 도착했다는 것을 내가 알 수 있다면 좋을 텐데……" 하고 혼잣말을 했다.

당시 이 치과병원에서는 환자가 방문해 접수대에 이름을 적으면 간호사가 원장실 쪽으로 "선생님, 환자 왔어요"라고 큰 소리로 얘기했다. 그러면 원장실에 있던 에드워드가 "들여보내세요"라고 말하고 진료를 시작했다. 은행처럼 대기순번이 자동으로 뜨게 하는 시설을 갖추기에는 병원이 그리 크지 않았다. 비싼 비용을 지불할 만큼 환자가 많은 것도 아니었다.

아빠의 고민을 곰곰이 듣던 저커버그가 눈을 반짝이며 말했다.

"아빠, 그거 제가 한번 만들어볼게요."

"뭐, 네가? 어떻게?"

"그동안 배운 컴퓨터 실력을 보여드릴게요."

아버지의 고민을 풀어주기로 약속한 저커버그는 며칠간 컴퓨터를 붙잡고 씨름을 했고, 결국 문제를 해결하는 프로그램을 만들어냈다. 컴퓨터를 활용한 가족용 네트워크 '저크넷(ZuckNet)'이 탄생한 것이다. 이 프로그램은 초보적인 메신저 프로그램으로 아버지의 치과 병원과 집에 있는 컴퓨터들을 연결해 간단한 메시지를 주고받을 수 있었다.

"아빠, 이제 됐어요. 병원에 환자가 오면 컴퓨터에 딩동 소리가 나서 알 수 있어요."

저커버그는 의기양양하게 자랑했다. 프로그램의 이름인 저크넷은 저커버그 가족을 서로 연결하는 통신망(네트워크)이라는 뜻이다.

누나 랜디는 "저커버그가 최초로 뭔가를 만들어 유용하게 쓴 사례였죠. 저크넷 이후 동생은 뭔가를 끊임없이 만들어냈어요"라고 말했다.

저커버그는 컴퓨터 게임도 여러 개 만들었다. 친구들이 공책이나 스케치북에 그림을 그려주면 그걸 컴퓨터에 입력해 게임을 만드는 식이었다. 이때 만든 게임 중 대표적인 것이 '모노폴리'였다. 우리나라에서도 '부루마블'이란 이름으로 큰 인기를 끈 이 게임은 전 세계를 말판으로 삼아 주사위를 굴려 돌아다니며 투자를 하고 돈을 버는 경영

● 모노폴리. 국내에는 부루마블이라는 이름으로 더 알려졌다

게임이다.

미국에서도 수십 년간 어린이들이 즐긴 게임인데, 저커버그는 이를 컴퓨터에서 할 수 있게 만든 것이다. 버튼을 누르면 주사위가 던져지고 말판의 말을 움직일 수 있을 뿐 아니라, 말판 위의 도시에 빌딩과 호텔을 짓는 것까지 표현했다. 투자한 돈과 벌어들이는 수입은 컴퓨터로 자동 계산됐다. 이 게임을 본 또래 친구들은 "야, 너 정말 대단하다"며 환호했다.

저커버그의 실력은 일취월장했다. 개인 과외교사인 뉴먼도 이제는 저커버그를 가르치기 벅찰 정도가 됐다. 에드워드는 아들이 중학생이 되자 더 전문적인 교육을 지원해 주기로 다짐한다. 집 근처 지역대학인 머시 칼리지(Mercy College)의 컴퓨터 강좌에 아들을 등록시킨 것이다.

● 머시 칼리지 전경

미국은 각 지역에 커뮤니티 칼리지(일종의 공립 전문대학)가 있다. 이곳에서는 정규 학위과정과 별도로 일반인을 대상으로 한 교양강좌와 전문강좌를 운영한다. 여기서 받은 학점은 나중에 대학에 진학할 때 정식 학점으로 인정받을 수도 있다. 하지만 중학생이 칼리지에서 강의를 듣는 것은 확실히 흔한 일은 아니다.

머시 칼리지의 컴퓨터 강의가 시작되던 첫날 풍경은 이랬다. 강의실에 20~30대 수강생 20여 명이 앉아 있는 가운데 에드워드가 아들 저커버그를 데리고 들어섰다. 담당 교수는 이들 부자를 보고 점잖게 말했다.

"아버님, 강의실에 아이를 데려오시면 곤란합니다. 다른 수강생들에게 방해가 될 수 있어요."

에드워드는 환하게 웃으면서 말했다.

"교수님, 수업을 들을 사람은 제가 아니라 여기 있는 제 아들 녀석입니다. 실력을 한번 테스트해 보시겠어요? 아마 깜짝 놀라실 겁니다."

교수는 그 말을 믿을 수 없었다. '대학생들도 겨우 이해하는 강의를 중학생 따위가 알 리가 없지.' 교수는 에드워드가 농담을 한다고 생각했다. 교수의 생각을 간파한 에드워드는 진지하게 다시 말했다.

"교수님, 못 믿으시겠다면 컴퓨터에 관한 문제를 하나 내보세요."

저커버그는 교수가 낸 프로그래밍 문제를 간단히 풀었다. 그제야 교수도 저커버그를 정식 수강생으로 받아들였다. 그는 아무 문제없이 삼촌뻘의 수강생들과 컴퓨터 강좌를 들을 수 있었다. 다른 수강생들은 자신들보다 훨씬 빨리 과제를 척척 해결하는 저커버그를 신기하게 바라보며 귀여워했다.

대학 수준의 컴퓨터 강좌를 우수한 성적으로 이수한 그는 고등학교에 진학할 무렵에 이미 웬만한 대학 컴퓨터학과 졸업생 못지않은 실력을 갖추고 있었다. 기본적인 자질과 컴퓨터에 대한 열정에다 아버지 에드워드의 적절한 교육 방향, 전문기관의 심화교육이 시너지 효과를 낸 것이다.

가정 교육에서 어머니의 역할

정신과 의사인 어머니 카렌도 아들의 천재성을 일찌감치 깨달았다. 하지만 아버지와는 방향성이 약간 달랐다. 아버지 에드워드가 아들의 컴퓨터 실력 향상에 큰 역할을 했다면 카렌은 저커버그의 인문학적 소양을 길러주는 일에 힘썼다.

아들이 세상과 담을 쌓은 채 컴퓨터에만 빠져 '컴퓨터만 잘하는 괴짜'가 되는 게 아니라 넓은 세상을 바라보고 사람들을 잘 이해하는 시각을 갖기를 바랐다.

어머니 카렌은 미래에는 기술과 인문학에 두루 통달한 융합형 인재가 중요해질 것이라는 사실을 본능적으로 알고 있었다. 이를 위해 카렌은 아들의 잠재능력을 최대한 이끌어 내

● 5세기경의 일리아드

는 교육환경을 제공하려고 노력했다.

카렌은 자녀들에게 역사, 문학, 예술, 논리학 등 폭넓은 분야의 책을 읽도록 지도했다. 고대 그리스 신화에서 로마사, 르네상스 시대의 미술과 음악, 동서고금의 시와 소설 등을 틈나는 대로 읽게 했다. 저커버그가 지금도 고대 그리스 시인 호머의 장편 서사시 『일리아드』를 줄줄 외우는 것은 이 당시 어머니의 조기 교육이 큰 도움이 됐다.

전 세계 문화와 예술의 중심지인 뉴욕시 근처에 사는 것도 큰 도움이 됐다. 카렌은 아이들과 함께 뉴욕 시내의 박물관과 미술관, 콘서트홀을 찾아다녔다. 메트로폴리탄 박물관, 현대미술관(MoMA), 구겐하임 미술관 등이 단골 방문지였다. 저커버그는 피카소, 고흐 등 대가들의 그림을 보면서 컴퓨터 화면에서는 느끼지 못한 새로운 감동을 받을 수 있었

● 메트로폴리탄 박물관

● 구겐하임 미술관

● 현대미술관

● 스미소니언 항공우주박물관

다. 초창기 비행기와 미래 우주선을 전시해 놓은 항공우주박물관은 저커버그가 하루 종일 놀아도 싫증을 내지 않는 곳이었다.

사실 저커버그는 붉은색과 녹색을 구분하지 못하는 적록색맹이었다. 어머니 카렌은 미술관에서 아들이 그림의 색깔을 제대로 알아채지 못하는 것을 보고 색맹이라는 사실을 깨달았다. 카렌은 실망하거나 좌절하지 않고 나름대로 아들의 용기를 북돋워주려고 애썼다. 붉은색이나 초록색이 많은 풍경화보다는 아들이 가장 잘 구별할 수 있는 푸른색과 흰색이 많은 현대미술 위주로 그림들을 보여줬다.

현재 페이스북의 로고가 청색과 백색으로 돼 있는 것도 저커버그가 파란색을 가장 잘 인식하기 때문에 그렇게 정한 것이다.

 # 더 좋은 교육환경을 위해
부모들이 들인 노력

저커버그는 뉴욕에 있는 집 근처 아즐리 고
등학교를 다녔다. 그는 그리스·로마 문학 과목에서 특히 우수한 성
적을 받았다.

저커버그가 고교 2학년 때 카렌
은 남편 에드워드와 아들의 전학 문
제를 상의했다. 대학 진학을 앞두고
좀 더 교육환경이 우수한 곳으로 전
학을 시키기 위해서였다. 저커버그
의 잠재적 능력을 끌어올리려면 고

● 아즐리 고등학교 전경

만고만한 학생들끼리 모여 있는 학교보다는 더 경쟁적이고 수준 높
은 학교에 보내는 것이 좋겠다고 판단한 것이다.

아이비리그(미국 동부에 있는 8개 명문 사립대학의 총칭. 하버드, 예일, 프린스턴, 컬럼비아, 코넬, 펜실베이니아, 브라운, 다트머스 대학) 진학을 준비하는 상류층 자녀들은 대개 '프렙스쿨(preparatory school)'이라고 불리는 유명 사립학교를 다닌다. 이 사립학교들은 아이비리그 대학과 인접한 뉴잉글랜드와 보스턴 지역에 주로 몰려 있다. 필립스 엑시터 아카데미(Phillips Exeter Academy), 디어필드 아카데미(Deerfield Academy), 그로톤 스쿨(Groton School), 밀턴 아카데미(Milton Academy), 초우트 로즈메리 홀(Choate Rosemary Hall), 하치키스 스쿨(The Hotchkiss School), 세인트 폴스 스쿨(St. Paul's School) 등이 유명하다.

부부는 상의 끝에 아들을 뉴햄프셔주 엑시터에 있는 명문 사립고인 '필립스 엑시터 아카데미'에 보내기로 했다. 필립스 엑시터 아카데미는 프렙스쿨 중에서도 최고 명문으로 꼽히는 기숙학교로 아이비리그에 진학하는 비율도 제일 높은 축에 속한다. 미국 제16대 대통령 에이브러햄 링컨의 아들도 이 학교를 다녔을 정도로 오랜 역사와 전통을 자랑한다.

● 필립스 엑시터 아카데미 전경

이 때문에 이 학교에 들어가려는 입학 경쟁은 무척 치열하고, 입학 자격요건도 엄격하다. 우수 학생들만 가려서 지원을 받는데도 경쟁률이 5대 1을 넘는다. 일반적으로는 수학이나 과학에 재능이 있는 학생들이 입학에 유리하다.

저커버그가 이 학교로 전학할 수 있었던 것은 그가 어려서부터 컴퓨터 분야에서 탁월한 재능을 보였고 역사, 문학, 예술 등 인문학적 소양도 뛰어났기 때문이다. 모두 부모의 적절한 조기지도 덕이다.

이 학교는 학생이 1,000여 명에 교사가 200명이다. 교사 1명이 학생 5명을 지도하는 비율이다. 필립스 엑시터 아카데미의 자랑이자 상징은 도서관으로 15만 권의 책을 소장하고 있다. 웬만한 대학 못지않은 규모다. 도서관에는 학생들 각자 개인 좌석이 지정돼 있다. 편안하고 안정된 분위기에

● 필립스 엑시터 아카데미의 자랑인 도서관

서 공부를 할 수 있는 것이다. 수업은 일반 고교처럼 학년별로 들어야 하는 과목이 정해져 있는 것이 아니라, 각자 필요한 과목을 선택해 수강하는 대학교 방식으로 진행된다.

교육 여건이 좋은 만큼 학비는 연간 4만 달러(약 4,800만 원)선으

로 무척 비싸다. 저커버그의 부모는 둘 다 의사여서 부유한 편에 속했지만 그래도 자녀가 4명이나 됐기 때문에 저커버그 혼자의 학비로 1년에 4만 달러를 쓰기는 쉽지 않았다. 꽤 부담이 되는 학비였지만 아이의 미래를 위해 과감한 투자를 결정했다.

어머니 카렌은 아들 저커버그가 명문대에 진학하기만을 바라고 그 비싼 학비를 내며 필립스 엑시터 아카데미에 보내지는 않았다. 그녀는 아들이 동네에서 1등이라고 자신의 실력을 과신하며 더 이상 노력을 하지 않고, 발전이 없어지는 것은 아닐까를 제일 우려했다. 그래서 아들이 좁은 울타리를 벗어나 전국 각지에서 모여든 우수한 학생들과 치열하게 경쟁하기를 바랐다. 저커버그가 친구들에게서 강한 자극을 받고 좋은 교육환경에서 자신의 실력을 더 발전시키기를 원한 것이다. 그렇게 되면 대학 진학은 자연스럽게 따라온다고 생각했다. 이 판단은 옳았고, 저커버그는 카렌의 결정이 정확했음을 보여줬다.

 # 필립스 엑시터 아카데미의
특별한 수업 방식

필립스 엑시터 아카데미는 둥근 테이블에 둘러앉아 토론식으로 수업을 진행하는 것으로 유명하다. 토론식 수업을 위한 타원형 테이블인 일명 '하크니스 테이블(Harkness table)'의 원조 학교다. 미국 석유재벌인 에드워드 하크니스가 1930년 이 학교에 거액을 기증하면서 그의 이름을 딴 하크니스 테이블이 생겼다.

수업시간에는 학생들이 미리 준비해온 숙제에 따라 발표를 하고 서로 논리를 세워 치열한 토론을 벌인다. 교사는 진행을 도와주는 보조자 역할만 하고 학생들이 주체가 되어 스스로 토론을 이끌어 나간다. 숙제를 제대로 하지 않으면 토론 중

● 하크니스 테이블의 효과

끼어들 여지가 없다. 금방 표가 나기 때문이다.

토론식 수업은 인문학적 재능이 뛰어난 학생이 유리하다. 과학적 이론은 기본이고, 상대방이 주장하는 바를 파악하고 논리적으로 자신의 의견을 조목조목 설명해서 동의를 이끌어내는 것이 필요하기 때문이다.

필립스 엑시터 아카데미는 공부뿐만 아니라 운동, 과학, 음악, 미술, 봉사 등 다양한 클럽활동 과정을 운영한다. 아이비리그에 입학하려면 단순히 성적만 좋아서는 안 되고, 다양한 경험도 쌓아야 한다.

저커버그의 도전정신을 자극한 어머니 카렌의 선택은 정확히 들어맞았다. 저커버그는 이곳에서 프랑스어, 히브리어, 라틴어, 고대 그리스어를 자유롭게 구사할 수 있는 인문학적 소양을 갖추게 된다. 수학과 물리학은 원래부터 실력이 뛰어나서 필립스 엑시터 아카데미의 다른 학생들과의 경쟁에서도 늘 앞서나갔다.

저커버그는 학교에서 가르치는 스포츠 중에서 특히 펜싱에 흥미를 느꼈다. 날카로운 칼을 주고받으며 상대의 허점을 공략해 포인트를 따는 경기방식에 매료된 것이다. 상대방과 치열한 수 싸움을 벌이는 것이 그의 적성에 잘 맞았다. 상대방과 맞부딪치지 않고 개인적으로 좋은 기록을 내기 위해 노력하는 골프나 수영 같은 종목에는 큰 관심이 없었다. 승부욕이 대단했던 그는 틈나는 대로 펜싱 연습에 매달렸다. 한 가지에 빠지면 거기에만 몰두하는 집중력이 대단했다. 저커버그는 학교에서 가장 뛰어난 펜싱 선수가 됐고, 펜싱부 주장을 맡기도 했다.

졸업 때는 인문학, 수학, 천문학, 물리학 부문에서 우수상을 받았다. 이처럼 단순한 컴퓨터 괴짜가 아닌 인문과 예체능에서도 실력을 발휘한 점이 하버드대 진학에 결정적인 도움이 됐다.

저커버그의 특기는
관찰과 분석

저커버그가 고교 시절 학업에만 매달린 것은 아니다. 특기인 컴퓨터 실력을 살려 친구와 함께 인공지능을 활용한 음악 프로그램 '시냅스 미디어 플레이어(Synapse Media Player)'를 만들기도 했다. 사용자가 어떤 음악을 즐겨 듣는지 음악 청취 습관을 분석해서 사용자가 좋아할 만한 노래를 자동으로 추천하는 기능이 시냅스 미디어 플레이어의 특징이다. 요즘 아이팟과 아이폰용 프로그램인 아이튠즈에도 이런 기능이 들어 있다. 고등학교 시절에 이미 이런 프로그램을 만들었다는 데서 저커버그의 천재성을 엿볼 수 있다.

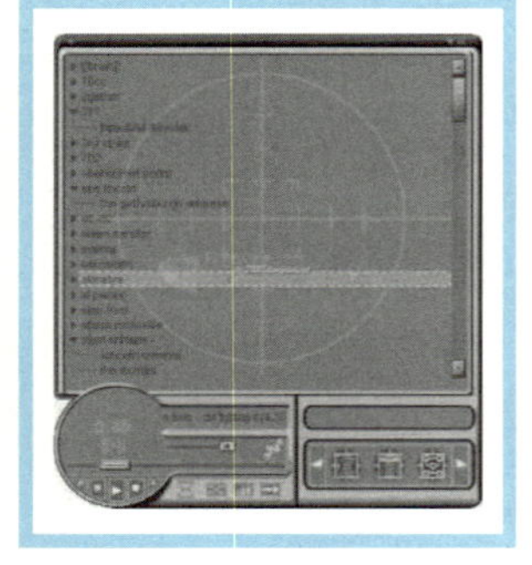

● 시냅스 미디어 플레이어의 구동화면

저커버그는 일찍부터 사람들의 생활습관을 관찰하고 분석하는 일에 흥미를 느꼈다. 이용자의 데이터를 모아서 컴퓨터를 통한 추천 서비스로 구현하는 것이 저커버그의 장기였다.

시냅스 미디어 플레이어는 컴퓨터 이용자들 사이에서 큰 인기를 끌었다. 세계 최대의 소프트웨어 회사인 마이크로소프트와 유명 인터넷 회사 AOL이 100만 달러(12억 원)에 사겠다고 제안할 정도였다. 고교생이 만든 프로그램으로서는 엄청난 가치를 인정받은 셈이었다. 심지어 저커버그에게 정식 사원으로 채용할 테니 대학에 진학하지 말고 빨리 입사했으면 좋겠다는 제안까지 했다. 저커버그는 부모와 상의한 끝에 그 제안을 거절했다.

"돈은 언제든지 벌 수 있어요. 부모님은 지금 저에게 부족한 지식을 더 쌓기 위해 공부를 하는 것이 좋겠다고 말씀하셨어요. 저도 그렇게 생각하고요. 달콤한 제안을 덥석 물었다가는 나중에 후회할 수도 있잖아요."

저커버그는 사교적인 성격은 아니었지만 고교 시절 주변에는 늘 친구들이 많았다. 어려운 문제를 해결해주는 컴퓨터 프로그램을 척척 만들 능력이 있었기 때문이다. 하루 이틀 밤을 새면 재미있는 게임도 뚝딱 만들어냈다. 친구들이 열광할 만했다.

다만 이는 남학생들에게만 국한된 얘기였다. 저커버그는 여학생들에게는 별로 인기가 없었다. 곱슬머리에 외모가 매력적인 것도 아니고, 유머감각이나 말재주가 뛰어난 편도 아니었다. 관찰력이 뛰어난 저커버그는 그 학교에 다니는 여학생 대부분의 취미와 교우관계, 요즘 관심사 등을 낱낱이 알 수 있었다. 그러나 정작 그 여학생들은 저커버그에게 별다른 관심을 보이지 않았다. 사춘기의 저커버그로서는 꽤 자존심이 상한 대목이었다. 컴퓨터나 학과 공부, 예체능은 누구보다 잘할 자신이 있었으나 유독 이성 관계만큼은 서툴렀다.

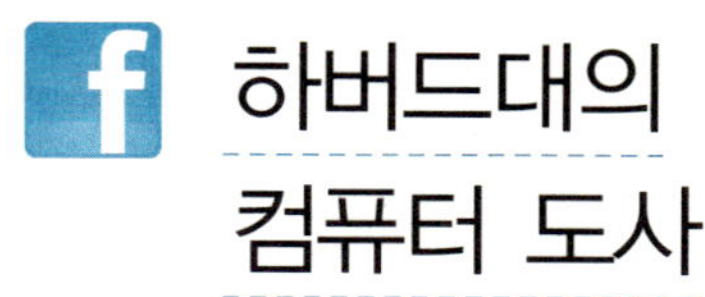

하버드대의
컴퓨터 도사

마이크로소프트의 입사 제안을 거절한
저커버그는 2002년 9월 하버드대에 입학했다. 대학 전공은 컴퓨터
과학과 심리학이었다. 대학에서는 가족들과 떨어져 기숙사 생활을
했다. 두 살 위의 누나 랜디가 하버드대 심
리학과에 재학 중이어서 큰 도움이 됐다.
둘이 같은 수업을 듣는 학기도 있었다.

저커버그는 '$\alpha\,\varepsilon\,\pi$(알파 입실론 파이)'라
는 유대인 학생클럽에 가입해 친구들을 사
귀었다. 대학 친구들과 얘기할 때 그는 종
종 고대 서사시에 나오는 구절을 인용하여

● 이 기숙사 건물에서 페이스북이 탄생했다

말을 하는 것으로 유명했다. 예를 들어 "호머의 『일리아드』에 이런

표현이 나와. 그게 뭐냐 하면~"이라며 은근슬쩍 자신의 지식을 과
시하는 것이었다.

그는 하버드에서도 '컴퓨터 도사'로 이름을 날렸다. 2학년 때 만
든 '코스매치(Course Match)라는 프로그램이 대표적이다. 이 프로그
램은 수강신청을 할 때 다른 학생들이 어떤 과목을 신청했는지 보여
준다. 내가 관심 있어 하는 과목에 누가 등록했는지 알 수 있고, 내
친구들이 무슨 과목을 듣는지도 간단히 알 수 있어 인기를 끌었다.

여느 젊은이들과 마찬가지로 저커버그도 이성에 대한 관심이 많
았다. 어려서부터 컴퓨터 프로그래밍 분야에서 천재적 실력을 자랑
한 그도 이성관계는 초보자였다. 여자친구를 잘 사귀지 못하던 그는
2학년 초에 기숙사 여학생들의 사진을 보면서 인기투표를 하는 프
로그램 '페이스매시(Facemash)'를 만들었다. 학교에서 제일 인기
있는 여학생이 누구인지 알아보려는 시도였다.

진행 방식은 얼마 전 TV 예능 프로그램에서 인기를 끈 '이상형
월드컵'이란 코너와 비슷하다. 여학생 사진 2장을 보면서 누구에게
더 호감이 가는지 선택하는 형식이었다. 여학생 사진은 학교 컴퓨터
를 해킹해 구했다. 대학 당국의 기숙사 관리 컴퓨터에서 사진이 들
어있는 '학생 관리명부(페이스북)'를 빼내는 일은 저커버그에게 식은
죽 먹기였다. 전체적인 프로그램은 단 8시간 만에 완성했다.

서비스는 2003년 11월 2일에 시작됐다. 초기 화면에는 이런 글

이 떴다.

"우리는 외모로 하버드에 입학했는가?　　No."
"우리는 외모로 평가받는가?　　　　　　Yes."

저커버그가 심심풀이로 만든 페이스매시는 학생들 사이에서 선풍적인 인기를 끌었다. 하루 만에 450명이 접속해 2만여 장의 사진에 투표할 정도였다.

하지만 이 서비스는 심각한 문제를 일으켰다. 여학생 단체들이 "사람을 외모로 평가하면 안 된다"며 강하게 비판하고 나선 것이다. 학교 당국은 저커버그에게 여학생들에게 사과하고 근신하라는 징계 조치를 내렸다.

이 사건은 저커버그가 사회 이슈나 해킹에 대해 스스로 관대한 생각을 갖고 있다는 것을 보여준다. 그는 스스로를 '해커' 라고 생각한다. 어떤 일을 개선하려는 좋은 목적이 있다면 복잡한 규정 따위는 약간 깨뜨릴 수도 있다고 그는 생각한다. 어떻게 보면 매우 실용적이다. 저커버그는 "이것저것 다 따지다가는 아무것도 못한다. 일단 저질러놓고 보자. 판단은 다른 사람들이 할 것"이라고 믿었다.

정말로 좋아하는 일에 온 힘을 쏟아라

저커버그는 페이스매시 사건으로 큰 교훈을 얻는다. 자신이 저지른 일에 대한 반성은 그다지 하지 않았다. 그보다는 사람들이 온라인에서 서로 관심을 갖고 있는 정보를 공유하려는 욕구가 자신의 생각보다 훨씬 강하다는 사실을 깨달았다.

페이스매시는 페이스북 개발로 이어졌다. 저커버그는 2학년 1학기를 마친 뒤 2004년 1월에 페이스북 서비스를 시작했다. 페이스북은 학생들이 자발적으로 자신의 사생활을 친구들에게 공개하고 친구들의 일상생활도 볼 수 있는 일종의 온라인 동창회 같은 서비스였다.

● 페이스북을 개발하던 시절의 저커버그

페이스북은 보름 만에 하버드생 5,000여 명이 이용하는 서비스로 자리 잡았다. 예일, 컬럼비아 등 다른 대학 학생들의 열화와 같은 요청으로 타 대학에서도 이용할 수 있도록 서비스를 개방했다. 그해 2월에는 '더 페이스북닷컴'이란 회사를 창업했다.

● 홈페이지에 있는 기업소개 영상

페이스북의 성공에 앞서 우리나라에서 '아이러브스쿨'이라는 온라인 동창회 서비스가 큰 인기를 끈 적이 있다. 생년월일과 학교 정보를 입력하면 동창생들을 찾아주는 서비스였다. 헤어진 지 10~20년이 지난 친구들이 아이러브스쿨을 통해 재회하는 일이 흔하게 일어났다. 하지만 이 서비스는 얼마 지나지 않아 사라졌다. 회사 주식을 둘러싸고 경영권 분쟁이 생겼고, 글로벌 서비스로 성장하지 못한 채 국내용으로 머문 것이 실패 요인이었다. 아이러브스쿨이 미국에서도 성공을 거뒀다면 페이스북보다 더 유명한 회사가 됐을지도 모른다.

저커버그는 페이스북이 선풍적인 인기를 끌자 2학년을 마치고 2003년 9월, 스스로 학교를 그만둔다. 아들이 하버드대를 자퇴하겠다고 했을 때 부모님은 반대하지 않았다. 다른 학교도 아니고, 세계 최고 명문이라는 하버드인데도 말이다.

대부분의 부모라면 이렇게 말렸을 것이다. "어렵게 들어간 학교니 일단 졸업부터 하고 그 다음에 네가 하고 싶은 일을 하는 게 좋지 않겠니? 네가 아직 세상을 잘 몰라서 그래"라고.

하지만 저커버그의 부모는 달랐다. 오히려 "그래, 잘 결심했다"고 격려했다. 저커버그의 명성이 이미 IT업계에서 자자한 것을 부모도 알고 있었다. 아버지 에드워드는 아들에게 당부했다.

"공부보다 사업이 더 재미있다면 그것도 좋다. 다만 돈을 벌기 위해서 학교를 그만둔다는 건 안 된다. 네가 정말로 재미있게 생각하는 일을 하는 데 온 힘을 쏟아라. 네 꿈이 무엇인지 항상 생각하고 그것을 이루기 위해서 노력하면 뭐든지 이룰 것이다. 네가 지금까지 잘해온 것처럼 앞으로도 잘할 거라고 아빠는 믿는다. 너는 내 아들 이니까."

든든한 가족의 지원, 누나 랜디의 도움

저커버그의 누나 랜디는 페이스북 초창기에 큰 힘이 됐다. 하버드대 심리학과를 나온 랜디는 유명 광고회사와 출판사에서 근무하다 동생을 돕기 위해 페이스북에 합류했다. 랜디는 페이스북에서 6년간 마케팅 책임자로 일했다.

친누나라서 특혜를 입은 것은 아니다. 오히려 저커버그가 누나의 도

● 누나 랜디 저커버그

움을 많이 받았다. 사회생활이 서툰 동생이 기술개발에 몰두하는 사이 랜디는 영업과 마케팅, 홍보, 대외활동 등을 두루 챙겼다.

랜디는 페이스북의 마케팅 전략을 수립하는 일을 비롯해 인기 라

● 페이스북 라이브

● 버락 오바마 대통령과의 타운홀 미팅

이브 비디오 채널인 '페이스북 라이브(Facebook Live)'를 개발하기도 했다. 이 서비스는 미국에서 매년 우수한 텔레비전 프로그램에 주는 '에미상'의 '실시간 뉴스보도 부문' 후보에 오르기도 했다. 2011년 페이스북 본사에서 저커버그와 오바마 대통령이 IT와 미국의 미래에 관해 대화를 나눈 '타운홀 미팅'도 랜디가 기획과 총지휘를 맡아 성공적으로 이끈 행사였다.

당시 오바마 대통령은 행사가 시작되자마자 "내가 바로 저커버그에게 재킷과 넥타이를 착용하게 한 사람"이라고 말해 좌중을 웃겼다. 평상시에는 늘 모자가 달린 헐렁한 후드 티셔츠를 입는 저커버그는 이날 행사를 위해 이례적으로 정장을 입고 나왔다.

오바마 대통령은 "솔직히 말해 나와 저커버그 같은 사람들은 세금을 더 내야 한다"고 말한 뒤 저커버그가 "찬성한다"고 하자 "그럴 것이라고 생각했다"고 말해 또다시 폭소를 선사했다. 저커버그는 오바마 대통령에게 페이스북 로고가 찍힌 후드 티셔츠를 선물했고 오바마는 "디자인이 아름답다"고 칭찬했다. 오바마는 젊은이들에게 가장 인기 있는 페이스북을 통해 선거운동을 벌이기도 했다.

페이스북의 마케팅 임원으로써 업무를 성공적으로 진행했으며, 게다가 동생이 회사의 최고경영자였으므로 랜디의 앞길은 거칠 것이 없었다. 가만히 앉아만 있어도 엄청난 부와 명예가 보장돼 있었다.

하지만 랜디는 작년에 동생의 회사인 페이스북을 떠나 자신만의 새로운 사업을 시작했다. 동생 저커버그가 하버드를 그만두고 페이스북을 창업한 것처럼 누나 랜디도 현실에 안주하지 않고 자신만의 길을 가기로 결정했다. 랜디는 페이스북을 떠나면서 현지 매체와의 인터뷰에서 이렇게 말했다.

"페이스북을 떠나는 일에 대해 매우 긴 시간 고민했어요. 페이스북 라이브 및 오바마 대통령과의 타운홀 미팅이 성공적으로 진행돼 큰 힘을 얻었죠. 나 자신의 새로운 회사를 시작할 기회를 발견한 거죠. 바로 지금이야말로 제가 그 일을 할 수 있는 추진력을 가진 때라고 생각합니다."

랜디는 새 회사인 '알투지 미디어(RtoZ Media)'를 설립해 기업들의 소셜미디어 활동을 돕는 업무를 하고 있다. 기업들에게 소셜미디어를 통해 소비자와 소통하는 방법을 제시해주는 것이 주된 사업이

다. 랜디는 페이스북의 성장에 큰 역할을 한 사람이라는 좋은 평판
이 있어서 새 사업도 순조롭게 진행 중이다. 최근에는 리얼리티쇼를
제작하려는 구상도 갖고 있다.

좋은 학교를 갔기에
좋은 기회를 얻었다

저커버그에게는 누나 랜디 말고도 조력자들이 많았다. 그는 하버드대 졸업장을 받지는 못했지만 하버드대를 다닌 덕을 톡톡히 봤다. 막강한 하버드대 인맥은 그의 든든한 사업 자산이었다. 기숙사 친구들인 더스틴 모스코비츠, 에두아르도 세버린, 크리스 휴즈 등은 저커버그의 페이스북 창업 동료들이다.

명문 사립고인 필립스 엑시터 아카데미 동문도 큰 도움이 됐다. 집안이 부유한 고교 동창들은 그의 사업 아이디어를 신뢰하고 페이스북에 거금을 선뜻 투자했다. 초기 회사 운영자금 가운데 상당수는 저커버그의 고교 동창들에게서 나왔다.

벤처기업의 요람인 실리콘밸리에서는 투자를 결정할 때 그 사람이 어디 출신이냐는 배경을 상당히 따진다. 아무런 소개도 없이 모르는 사람이 들고 온 투자제안서는 바로 쓰레기통으로 직행한다. 성공한 벤처기업인들끼리 파티에서 만나 술잔을 기울이며 서로 투자 정보를 주고받다가 상대방 회사에 투자하는 경우도 많다.

이런 점에서 볼 때 저커버그는 자신의 실력과 더불어 든든한 배경을 가지고 있었다. 다른 사람들보다 훨씬 유리한 환경에서 사업을 시작한 것이다. 물론 이런 배경은 아버지 에드워드와 어머니 카렌이 만들어준 것이다.

저커버그도 이 점을 잘 알고 있다. 저커버그는 돈 버는 일에만 몰두하는 사람이 아니라 그 돈을 멋있게 쓸 줄 아는 사람이었다. 2010년 9월에 저커버그는 미국의 학교 교육환경 개선에 써달라며 1억 달러(약 1,200억 원)를 기부했다. 20대 젊은이의 기부액 가운데 사상 최대다. 당시 그는 〈오프라윈프리쇼〉에 나와 '스타트업 에듀케이션 재단'을 만들겠다며 이렇게 말했다.

"모든 어린이는 좋은 교육을 받을 자격이 있습니다. 하지만 현실은 그렇지 않죠. 저는 살면서 많은 기회가 있었어요. 그중 많은 부분이 정말 좋은 학교에 갔기 때문에 얻은 기회입니다. 다른 어린이들도 그런 기회를 가질 수 있도록 제가 할 수 있는 한 돕고 싶어요."

부모님께 배운 검소한 삶

세계에서 가장 돈이 많은 청년 재벌 저커버 그. 하지만 그의 생활은 매우 검소하다. 1,000만 원짜리 고물 중고차를 타고 다니고, 자신을 꾸미는 일에는 관심도 없다. 늘 티셔츠에 슬리퍼 차림이다. IT업계에서 가장 옷을 못 입는 사람으로 뽑힌 적도 있다.

그런데도 아이들의 미래를 위한 일에는 거액을 선뜻 기부했다. 이런 저커버그의 생활태도는 부모의 영향이 가장 컸다. 아버지 에드워드와 어머니 카렌은 아이

● 늘 검소하게 사는 저커버그 부부

들이 원한다고 해서 뭐든지 사주는 맹목적인 사람이 아니었고, 사치와 허영을 삼가는 검소한 생활을 아이들에게 가르쳤다.

저커버그는 고교 시절 대학 입시 준비를 하면서도 아르바이트를 했다. 부모는 어느 정도의 생활비는 스스로 벌어서 쓰라고 했다. 그러면서도 정말 중요한 일에는 큰돈을 쓸 수도 있다는 것을 어려서부터 가르쳤다.

저커버그는 자신이 부모에게 배운 것처럼 직원들도 자유롭게 창의적으로 생각하고 일하기를 요구한다. 페이스북 본사에는 해킹을 뜻하는 '해크(HACK)'란 단어가 곳곳에 붙어있다. 고정관념에 얽매이지 말고 자유를 추구하는 정신을 표현한 것이다. 애플의 스티브 잡스가 창업 초기에 직원들에게 "해군이 아니라 해적이 되자"며 도전정신을 강조한 것과 일맥상통한다.

저커버그는 '해커톤(Hackathon, 마라톤을 하는 것처럼 정해진 시간 동안 난이도 높은 프로그래밍을 완성하는 행사)'이라는 행사도 정기적으로 연다. 참가자들은 하룻밤 동안 맥주와 음식을 먹으며 음악을 듣고 새로운 협업 프로젝트를 구상한다. 저커버그는 해커톤 행사를 이렇게 소개했다.

"하룻밤에 아주 훌륭한 무언가를 만들어낼 수 있다는 것, 정말 멋지지 않아요? 해커 정신은 오늘날 페이스북을 이끌어가는 아이디어의 하나이자 제 자신의 가장 중요한 개성입니다."

마크 저커버그는 2011년 벨헤이븐 커뮤니티스쿨 졸업식에 가서 아래와 같이 축사를 했다.

"만약 당신이 집에 갔는데 저녁식사가 맛이 없다면 어떻게 할까요? 억지로 참고 먹을까요, 아니면 그냥 굶을까요? 그럴 필요 없어요. 당신이 원하는 걸 직접 만들어 먹으면 됩니다.

사회생활도 마찬가지입니다. 당신이 좋아하는 것에 진짜 몰두한다면 당신은 무엇이든 이룰 수 있는 그것을 통해 힘을 얻게 될 것입니다. 당신이 진정으로 사랑하고 좋아하는 것에 많은 시간을 투자한다면 모든 일들이 쉬워질 것입니다."

저커버그는 공공장소에 나서는 것을 꺼리는 편이다. 하지만 교육 문제에 관심이 많아서 학생들을 만나는 자리에는 기꺼이 응한다. 자신의 성공을 자랑하기 위해서라기보다는 나이 차이가 별로 안 나고 동시대를 살아가는 학생들에게 자기 자신만의 미래를 개척하도록 동기부여를 하고 자신도 그런 말을 통해서 스스로를 다잡는 것이다.

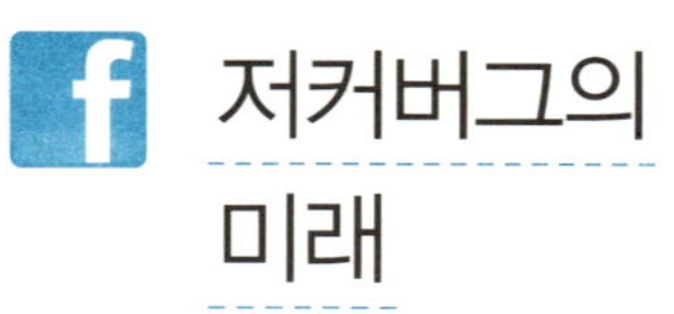

저커버그의
미래

'세상에서 가장 돈 많은 청년 재벌'로 통했던 저커버그는 2012년 5월 19일 하버드대 동창이자 오랜 연인인 프리실라 챈과 결혼식을 올렸다. 저커버그는 대학 2학년 때 학교 파티에서 중국계 미국인 챈을 만나 약 9년간 사귀어왔다. 챈과 저커버그는 화장실 앞에서 줄을 서다가 서로를 처음 알게 됐다. 당시 챈은 저커버그를 "머

● 신혼여행중인 저커버그 부부

릿속이 딴생각으로 가득 찬 공부벌레" 같았다고 회고한다.

챈은 2007년 하버드를 졸업한 후 실리콘밸리에 있는 새너제이의 초등학교에서 2년 동안 학생들에게 과학을 가르쳤다. 2010년 저커

버그를 따라 새너제이 인근에 있는 팔로알토로 이사한 후 캘리포니아 의대에 입학해 소아과 전문의 수업을 받았다.

공부벌레에서 일벌레로 변신한 이름난 저커버그에게 챈은 일주일에 반드시 한 번 이상 둘만의 데이트를 해야 한다는 규칙을 만들었다. 데이트 시간은 최소 100분이고, 집이나 사무실 외의 장소로 정했다. 저커버그는 챈의 모국인 중국을 이해하기 위해 중국어 개인교습을 받기도 했다.

큰돈을 벌고 바쁜 사회생활을 하면서도 저커버그는 틈틈이 챈과 오붓한 시간을 보냈고 결국 결혼에 골인했다. 챈은 저커버그의 생일이기도 했던 5월 14일, 캘리포니아 의대를 졸업했다.

두 사람의 결혼식은 페이스북이 성공적으로 미국 증권시장에 상장된 하루 뒤인 19일에 샌프란시스코에 있는 저커버그의 집에서 열렸다. 저커버그의 평소 검소한 스타일대로 결혼식도 소박했다. 초대 손님도 100명이 채 안 됐다.

이들은 지난 4개월 동안 결혼식을 준비했지만 아무에게도 이를 알리지 않았다. 평범한 주말 파티인줄 알고 참석한 하객들은 "오늘이 결혼식이야"라는 이야기를 듣고 크게 놀랐다.

평소 후드티와 운동화 차림을 고수하던 저커버그는 이날 결혼식에서 캐주얼을 벗고 정장과 넥타이를 갖춰 입었다. 신부에게 준 결혼반지는 다이아몬드가 아니라 자신이 직접 디자인한, 수수한 루비

반지였다.

저커버그는 결혼식이 끝난 뒤 자신의 페이스북을 통해 결혼 사실을 알렸다. 소식을 접한 페이스북 회원들은 7시간 만에 58만 명이 '좋아요' 버튼을 누르며 그의 결혼을 축하했다.

저커버그의 아버지 에드워드와 어머니 카렌은 세상을 바꾼 아들의 성장을 흐뭇하게 바라본다. 자녀를 키운 자신들의 방식이 틀리지 않았다고 뿌듯해하면서 말이다. 저커버그가 어릴 때는 뉴욕주의 소도시 돕스페리에서 치과의사 에드워드의 아들로 통했다. 이제는 그의 부모가 페이스북 제국의 리더인 저커버그의 아버지, 어머니라는 호칭으로 불리는 게 훨씬 자연스럽다.

저커버그는 아직 20대 청년이다. 그가 앞으로 어떤 획기적인 서비스를 내놓을지, 앞으로 미래가 얼마나 더 달라질지 아무도 모른다. 어쩌면 그 자신도 자신의 앞길을 모를 것이다. 하지만 지금까지 그가 걸어온 길을 보면 이것만은 분명하다. 저커버그는 결코 지금 현재의 모습에 만족해하지 않고 끊임없이 무언가를 계속 만들어낼 것이다. 세상은 마크 저커버그의 일거수일투족에 촉각을 곤두세우고 있다.

어린 자녀를 둔 부모들은 저커버그를 창의적이고 도전정신이 가득하게 길러낸 에드워드와 카렌의 교육방식을 곰곰이 살펴볼 필요가 있다.

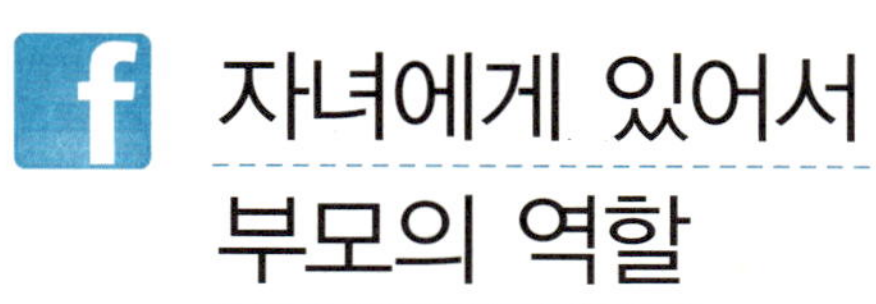

자녀에게 있어서
부모의 역할

아들이 엄청난 부자가 됐지만 저커버그의 부

모와 형제들은 평소와 다름없이
자신의 직업에 충실하며 소박하
고 성실하게 살고 있다. 저커버
그의 부모는 여전히 뉴욕주 돕
스페리에서 수십 년째 살면서
치과병원을 운영 중이다. 아버
지 에드워드는 매일 2층 집에서

● 에드워드 저커버그의 치과병원과 직원들

1층에 있는 병원으로 출근해 환자를 진료한다. 정신과 의사 출신인
어머니 카렌은 남편을 도와 치과를 관리한다. 평범한 미국 중산층
모습 그대로다. 저커버그 역시 여전히 수수한 후드티를 즐겨 입고

● 저커버그가 결혼 전에 세들어 살았던 집

월세를 내는 주택에 세들어 살아서 '세계에서 가장 가난한 부자'로 불리기도 했다.

저커버그 부모는 2012년에 집과 병원이 붙어있는 새 건물을 구해 이사했다. 이사를 하면서도 오래 전부터 써온 가구들을 버리지 않고 그대로 가져왔다. 작은 부엌이 있고, 바닥에는 푸른색 카펫이 깔렸다. 벽에는 부부와 1남 3녀의 사진이 붙어 있다. 커다란 TV와 비디오 게임용 플라스틱 드럼세트 정도가 그나마 눈에 띄는 물건이다.

집을 옮길 때는 주택담보대출을 받았다. 그렇다고 이들 부부가 가난한 것도 아니다. 저커버그는 아버지 에드워드에게 "페이스북을 만들 수 있게 잘 키워줘서 고맙다"며 페이스북 주식 200만 주를 줬다. 600만 달러(70억 원)나 되는 거금이다. 부모는 한사코 거절했지만 아들은 회사 이사회를 통해 공식적으로 아버지 에드워드에게 주식을 발행해 제공했다. 부모는 아들의 선물을 받기는 했지만 주식에는 손도 대지 않았다.

"우리 부부는 어떤 특별한 기술을 갖고 아이들을 기른 게 아니에요. 내가 해준 것은 오직 아들이 좋아하는 일을 잘하도록 격려해준 것뿐이죠. 아들이 사회에서 성공했다고 내가 무슨 보상을 바라지 않아요. 평소처럼 나는 내 일을 하면 돼요. 요즘은 저커버그가 회사 일로 너무 바빠서 집에 자주 찾아오지 못하고 주로 영상통화로 얘기를 나누죠.”

에드워드는 자녀를 키우는 비법에 대해 물어보는 사람들에게 “아이들의 열정을 지지해주세요. 그 어떤 것보다 아이들과 같이 시간을 많이 보내는 게 가장 중요합니다”라고 조언한다.

저커버그도 부모의 영향을 받아 페이스북 직원들이 자녀와 많은 시간을 같이 보내도록 지원하고 있다. 대표적인 것이 4개월간의 출산 휴가다. 이 휴가는 아이를 낳은 여직원뿐 아니라 아이 아빠도 자유롭게 쓸 수 있다. 물론 급여는 평소와 다름없이 100% 다 지급된다. 특히 부부 직원일 경우 두 사람이 동시에 4개월을 쉬는 것이 아니라 각자 4개월씩 쓸 수 있다. 실제로 사내커플이 번갈아가며 4개월씩 유급 출산휴가를 사용해 아이를 8개월간 돌보는 경우도 있다.

아이가 생기거나 입양할 때는 ‘베이비 캐시’ 라는 이름으로 4,000달러(480만 원)의 축하금을 준다. 아이를 키우는 데 드는 탁아소와 어린이집 비용도 회사에서 전액 지원한다. 직원들은 자녀를 돌보기 위해서라면 상사의 눈치를 보지 않고 퇴근할 수 있다. 실제로 회사의 2인자인 COO(최고운영책임자) 셰릴 샌드버그도 매일 자녀와 저녁식사를 같이 하기 위해 오후 5시 30분이면 퇴근을 한다.

임원들은 해외출장 때 아이를 데리고 가는 것도 허용된다. 출장을 떠나면서 아이를 어디에 맡겨야 할지 걱정하지 않아도 되고, 아이에게 다양한 나라의 문물을 접하게 하는 교육 효과도 있다. 출장지에서 업무가 많아 아이를 돌보기 힘들 것으로 보이면 출장길에 남편이나 다른 가족이 동반하는 것도 가능하다. 이 비용들을 모두 회사에서 부담한다. 아이를 둔 직장맘에게는 그야말로 꿈같은 회사다.

페이스북에서 이런 파격적인 지원을 하는 것은 저커버그 자신이 어릴 때부터 항상 부모 형제들과 어울려 지냈던 가정이 얼마나 소중한 것인지 잘 알기 때문이다.

저커버그의 아버지 에드워드는 자녀 교육에 대해 지극히 평범하면서도 쉽게 하기 힘든 진리를 일찌감치 깨닫고 실천했다.

"부모가 원하는 삶을 살도록 자녀를 이끌 수도 있지만 그건 자녀가 원하는 게 아닐 수도 있어요. 부모의 욕심을 내려두고 아이들이 하고 싶은 일을 하면서 살도록 도와주세요. 다만 아이들 키우는 데 어떤 형태로라도 극단적인 것은 좋지 않아요. 해야 할 일과 놀이의 균형을 잡아줄 필요가 있어요."

에드워드는 아들이 준 주식 덕분에 부자가 되었지만 주식에는 손도 대지 않고 있다. 그는 여전히 매일 아침부터 오후까지 열심히 환자를 진료한다. 당분간 은퇴할 생각도 없다.

"내가 하는 일은 내가 키운 아이와 같아요. 다른 사람에게 아무렇게나 줘버릴 수 있는 것이 아니죠. 병원과 집이 붙어있는데, 이 둘을 동시에 구입할 사람도 찾기 힘들어요. 하하하.”

에드워드가 운영하는 치과병원은 아들이 창업한 페이스북 덕분에 유명세를 타면서 홍보 효과도 톡톡히 누리고 있다. 이 병원은 어린 저커버그에서 프로그래밍을 직접 가르치던 아버지 에드워드의 취향을 다수 반영한 첨단 스마트 디지털 병원이기도 하다.

에드워드는 작은 치과병원 공간에 갖가지 IT 기기를 일찍부터 도입했다. 병원을 찾은 환자들은 진료를 받으며 마음껏 IT 환경을 즐길 수 있다. 대형 모니터로 인터넷 TV를 보거나, 비치된 아이팟으로 원하는 음악을 골라 들을 수 있다.

의료기기도 최신형으로 갖춰 놓았다. 손상된 치아를 컴퓨터로 스캔해 단 몇 분 만에 보형물을 만들 수 있는 기기도 구비했다. 환자들이 오래 기다리느라 고생하지 않아도 된다.

에드워드는 병원을 종이 없는 사무실로 만들어가고 있다. 모든 우편물을 스캔해서 컴퓨터에 저장하고, 예약상황도 환자들에게 컴퓨터로 전달한다. 컬럼비아 대학의 치과대 학생들에게 ‘치과와 기술 통합’이라는 주제로 강연도 했다.

“아들이 하도 유명해져서 피곤한 점도 있어요. 병원을 찾아온 환자들이 치료보다 저커버그가 어릴 때 어땠는지 물어보고 답하느라 시간을 많이 보내요. 이렇게 여기서 하얀 가운을 입고 앉아 있어도

내가 치과의사인지, 페이스북 창업자의 아버지인지 헷갈릴 때가 있
어요. 하하."

● 해리포터 테마파크에서 즐거운 한 때를 보내는 저
커버그 일가

저커버그의 여동생들도 모두 자기 일을 하며 살고 있다. 여동생 도나는 프린스턴 대학에서 박사과정을 밟고 있다. '에우리피데스와 아리스토파네스' 에 관한 박사 논문을 막 끝냈다.

막내 여동생 에리얼은 샌프란시스코에 있는 '와일드파이어 인터렉티브' 라는 마케팅 회사에서 매니저로 일한다. 오빠 회사에 일자리를 부탁하지 않고 당당히 자기 인생을 개척해 나가는 중이다.

영국의 경제주간지 〈이코노미스트〉에서 "능력 있는 한국 청년들의 창업을 가로막는 장애물은 꿈을 낮춰 잡도록 몰아가는 사회"라고 보도한 적이 있다. 한국의 젊은이들에게 재능은 많지만 창업의 길이 막혀 있다고 지적한 것이다.

실제로 똑똑한 자녀를 둔 부모들은 자녀가 의사, 변호사, 공무원, 대기업 직원 등 안정된 직업을 갖길 원하고, 그런 직업을 선택하도록 어려서부터 교육하고 유도한다. 현재 우리나라는 청소년이나 젊

은이들이 그저 부모가 시키는 대로, 직장 상사가 지시하는 대로 따르는 경향이 갈수록 강해지는 추세다. 창의적인 사고를 하지 않고 새로운 일에 도전해 스스로 뭔가를 해보려는 의지도 약하다는 지적이 나온다. 한국에는 왜 페이스북 창업자 마크 저커버그 같은 천재가 없냐고 아쉬워할 게 아니라, 총명하고 정력적인 젊은이들에게 꿈을 낮춰 잡도록 몰아가는 사회 문화를 고쳐야 제2, 제3의 저커버그가 우리나라에서도 나올 수 있다.

Steve Jobs

IT로 사람들의 생활 방식을 바꾸어버린
창의성의 귀재

Chapter 02

스티브 잡스

끝없이

갈망하십시오.

그리고 우직하게

자신만의 길을

걸어가십시오.

— 스티브 잡스

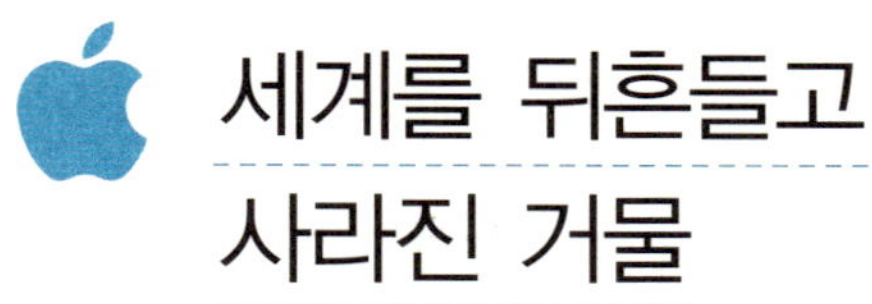

세계를 뒤흔들고
사라진 거물

2011년 10월 5일, 전 세계는 한 인물의 죽음

을 깊이 애도했다. 허름한 차고에서
창업한 애플을 세계 최고의 IT기업
으로 성장시킨 스티브 잡스(Steve
Jobs, 1955.2.24~2011.10.5). 강력한
카리스마, 편집광적인 열정, 완벽주
의, 화려한 쇼맨십, 마법 같은 프레
젠테이션, 창조경영의 아이콘 등이

● 한 입 베어 문 사과로 팬들이 그의 죽음을 애도하
고 있는 풍경

잡스를 상징하는 단어다. 잡스는 혁신적인 사고방식으로 남들이 가

지 않은 길을 고집스럽게 밀고 나갔고, 결국 세상을 자신의 생각대

로 바꿔놓았다.

스티브 잡스는 1970년대 말, 기업용 대형 컴퓨터만이 판을 치고 시장을 주도하던 시기에 처음으로 제대로 된 개인용 컴퓨터(PC, Personal Computer)를 만들어 컴퓨터에 대한 사람들의 인식을 바꿔 놓았다. 그 덕에 잡스는 20대 초반에 백만장자의 반열에 오른다. 2001년 이후에는 아이팟·아이폰·아이패드 삼총사를 내세워 모바일 시대를 선도했다. 다양한 IT 기기와 아이튠즈 등의 서비스가 성공적으로 사람들에게 받아들여진 기반에는 끊임없이 혁신을 추구하던 잡스의 열정이 깔려 있었다.

잡스는 완벽하고 훌륭한 인물은 아니었다. 성격이나 도덕적인 면을 보면 결함이 많은 사람이었고, 이기적인 행동과 지나친 독설로 주변 사람들에게 많은 상처를 주기도 했다.

그런 잡스의 일생이 사람들에게 큰 감동을 주는 이유는 무엇일까. 그것은 잡스가 굴곡 많은 삶을 살면서도 고난에 굴하지 않고 그 나름의 방식대로 인생을 살면서 세상을 재창조했기 때문이다.

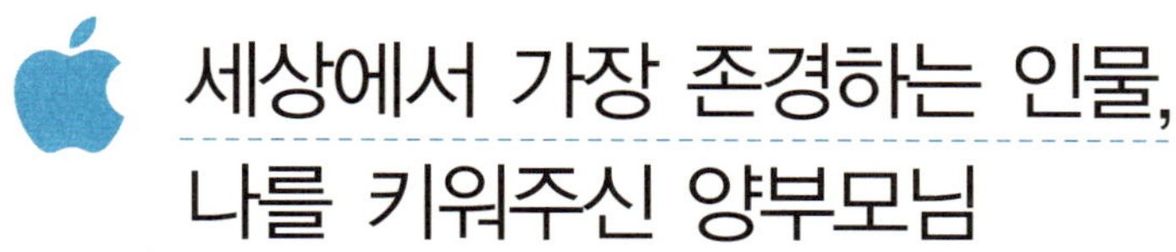

세상에서 가장 존경하는 인물,
나를 키워주신 양부모님

스티브 잡스가 좋은 집안에서 태어나 어려움 없이 자랐다면 오늘날의 애플은 탄생하기 어려웠을지도 모른다. 잡스는 태어나자마자 친부모에게 버림을 받고 입양됐다. 어렵게 들어간 대학도 한 학기 만에 때려치웠다. 20대에 애플을 창업해 억만장자가 되지만 독선적인 성격 탓에 자신이 세운 회사에서 쫓겨나는 수모도 겪었다. 절치부심한 끝에 애플에 복귀해서 최고의 절정에 이르는 순간, 췌장암이라는 병마가 엄습했다. 지긋지긋한 불운의 연속이자 드라마보다 더 극적인 인생이다.

스티브 잡스는 암과 싸우는 투병생활을 하면서도 신제품 개발을 멈추지 않았다. 잡스가 온갖 역경에도 굴하지 않고 그 누구보다 빛나는 업적을 쌓을 수 있었던 원동력은 가족에 있었다.

잡스는 자신을 키워준 양부모님을 세상에서 가장 존경하는 인물로 꼽았다. 자신의 삶이 얼마 남지 않았다는 것을 알게 되고는 아내, 자녀 등 가족들과 많은 시간을 함께 보냈고, 어린 시절 헤어진 여동생을 찾아서 못다 한 우애를 나누기도 했다. 젊은 시절 일에 매달리느라 가족을 돌보지 못했던 그는 오래 전부터 알고 지낸 원로 기자에게 부탁해 자신의 전기 『스티브 잡스』를 남겼다. 자신이 어떤 삶을 살았는지 사람들, 특히 가족들에게 제대로 알려주기 위해서였다.

잡스가 지난 2005년 6월, 스탠퍼드 대학교 졸업식에서 한 말은 지금도 사람들에게 진한 울림을 준다. "끝없이 갈망하라. 우직하게 자신의 길을 가라(Stay hungry. Stay foolish)." 이 말만큼 스티브 잡스의 일생을 함축해서 보여주는 문구가 또 있을까?

● 스티브 잡스 공식 전기의 표지

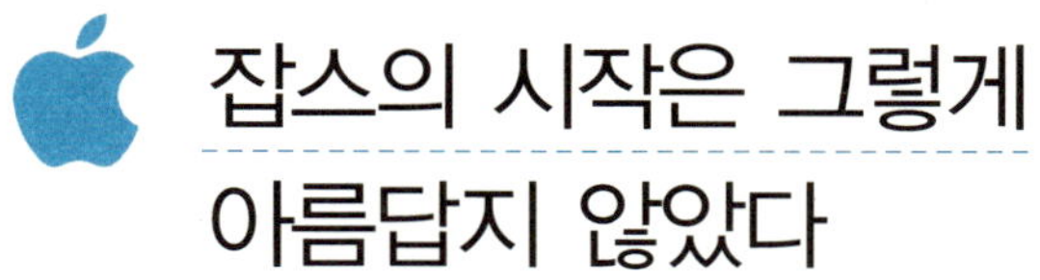

잡스의 시작은 그렇게
아름답지 않았다

스티브 잡스는 1955년 2월 24일 미국 서부 샌프란시스코의 미혼모 보호시설에서 태어났다. 부모는 위스콘신 대학교 대학원생 커플이었다. 어머니는 엄격한 독일계 집안에서 자란 조앤 시블, 아버지는 시리아 출신의 유학생 압둘파타 잔달리였다. 두 사람은 대학원에서 만나 사랑에 빠졌다. 하지만 시블 집안의 완강한 반대에 부딪혀 결혼은 할 수 없었다. 독실한 가톨릭 신자였던 조앤의 아버지는 이슬람교를 믿는 중동인 사위를 절대 받아들일 수 없다며 반대했다.

하지만 조앤은 이미 잔달리와 깊은 관계였고, 아이를 임신한 상태였다. 당시 사회에서 미혼모가 혼자 아이를 낳아 키우는 것은 거의 불가능했다. 조앤은 수소문 끝에 샌프란시스코의 미혼모 보호시설을 알게 됐고, 여기서 아이를 낳고 즉시 다른 가정에 입양 보내기로 결심했다.

대학원생인 조앤은 아이를 입양하는 양부모가 대학 졸업 이상의 학력을 갖고 있어야 한다는 조건을 내걸었다. 그것이 자신이 낳은 아이의 미래를 위한 최소한의 배려라고 생각했다. 조앤의 요청에 따라 아이는 변호사 가정으로 입양될 예정이었다. 하지만 이 가정이 갑자기 사내아이 대신 여자아이를 입양하겠다고 마음을 바꾸는 바람에 조앤의 아이는 대기 순번에 있던 다른 부부에게 연결됐다.

이 부부 중 남편은 고교를 중퇴한 자동차 수리공이었고, 아내는 고등학교만 나온 가정주부였다. 집안 살림도 빠듯했다. 조앤은 "내 아이를 절대 그 집에 보낼 수 없다"고 울면서 버티며 한참동안 입양동의서에 사인도 하지 않았다.

"애한테 죄를 짓는 것 같아요. 제가 사랑해주지 못한 만큼 아이는 좋은 집에서 자라게 하고 싶은데……."

입양이 무산될 뻔한 순간이었다. 그때 입양을 희망한 부부의 남편이 말했다.

"산모가 아이를 생각하는 마음은 저희도 잘 압니다. 아이는 저희가 잘 키우겠습니다. 비록 우리 부부가 대학을 나오지는 못했지만 이 애는 꼭 대학에 보낼게요. 약속하겠습니다. 저희를 믿어주세요."

남자의 간곡한 설득에 조앤은 마음을 돌렸고, 그렇게 아이의 입양이 결정됐다. 양부(養父)의 성을 따라 아이의 이름은 스티브 잡스로 지어졌다.

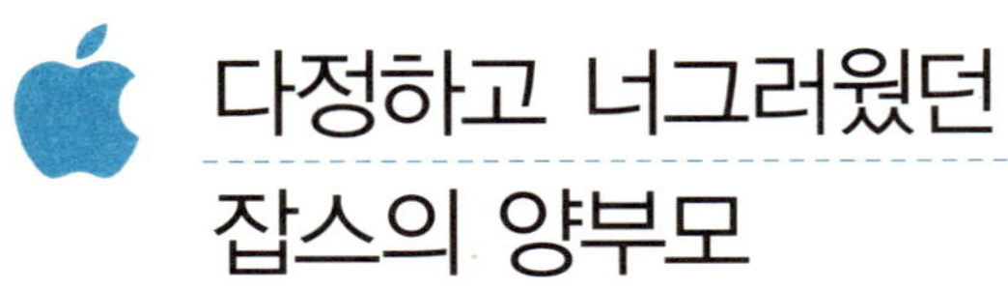

다정하고 너그러웠던
잡스의 양부모

양부인 폴 잡스는 건장한 체격에 정직하고 강인한 정신을 겸비한 인물이었다. 교육을 많이 받지는 못했어도 판단력이 뛰어났고 다른 사람들과 능수능란하게 협상을 진행하는 능력도 있었다.

폴이 자란 환경은 좋지 않았다. 그의 아버지는 술독에 빠져 살았고, 술에 만취해 돌아오는 날이면 아이들을 허리띠로 채찍질하기도 했다. 폴의 등과 팔다리에는 허리띠 자국이 나 있는 날이 많았다. 하지만 폴은 가정환경에 비관하여 좌절하거나 가출하는 등의 나쁜 길로 빠지지는 않았다. 오히려 "내 아이에게는 절대 이렇게

● 잡스와 아버지 폴

하지 않겠다"고 스스로에게 다짐할 정도로 심지가 곧고 의젓했다.

폴은 고교를 중퇴한 후 기계 수리공 일을 하면서 이곳저곳을 다녔다. 19세에는 해안경비대에 입대해 제2차 세계대전에 참전하기도 했다. 폴은 1946년 제대를 앞두고 부대 동료들과 함께 들른 샌프란시스코에서 아내가 될 여성 클라라를 만났다. 아르메니아 이민자 가정에서 자란 클라라는 상냥한 성격에 단아한 외모를 지닌 여성이었다. 첫 눈에 반한 폴은 용기를 내서 클라라에게 고백을 했고, 만난 지 열흘 만에 두 사람은 약혼식을, 그 해가 가기 전에 결혼식을 올렸다. 그야말로 초스피드 연애였다.

폴과 클라라는 넉넉하지는 않아도 화목한 가정을 꾸렸다. 자동차 수리 기술이 뛰어났던 폴은 중고차 세일즈맨, 금융회사 대출금 회수 요원, 부동산 중개사 등 여러 직업을 가졌다. 성실했던 폴은 누구보다 열심히 일했지만 큰돈을 벌지는 못했다. 클라라는 그런 남편이 집에 돌아올 때 늘 밝은 얼굴로 맞아주었다. 남편이 직장에서 일이 잘 풀리지 않아 울적한 기색을 보이면 뛰어난 요리 실력을 발휘해 힘을 북돋아 주기도 했다.

이들 부부는 아이를 갖지 못했다. 결혼 후 9년 동안이나 아이가 생기지 않자 입양을 결심한다. 이때 기관을 통해서 잡스의 생모인 조앤 시블과 연결된 것이다. 잡스 부부는 2년 뒤 계집아이를 한 명 더 입양했다. 폴은 어릴 때 스스로 다짐했던 대로 자녀에게 온화하고 성실한 가장이 됐고, 클라라는 집에서 자녀들을 키우며 성실히 남편을 뒷바라지했다.

폴과 클라라 부부는 자녀들에게 입양 사실을 굳이 숨기지 않았다. "우리가 비록 너희를 낳지는 않았지만, 세상 그 누구보다 너희들을 사랑한단다"라고 항상 말했다. 잡스도 자신이 입양됐다는 것을 별로 의식하지 못하고 자랐다. 그만큼 양부모는 아이들을 사랑으로 잘 보듬어 주었다.

그러던 중 잡스가 여섯 살 때 동네 친구가 그를 놀렸다.

"너는 주워온 아이라며? 네 친엄마랑 친아빠가 너를 버렸잖아."

친부모에 대해 별 생각이 없었던 잡스는 큰 충격을 받았다. 엉엉 울면서 집으로 돌아온 잡스에게 폴과 클라라는 이렇게 말했다.

"아니야, 그게 아니란다. 네 친엄마가 너를 버린 게 아니야. 우리가 특별히 너를 선택한 거란다."

"정말요? 엄마 아빠가 저를 택하셨다고요?"

"그럼, 그렇고말고."

클라라는 꼬마 잡스를 꼭 껴안아주면서 고개를 끄덕였다. 잡스는 그날 이후로 자신이 특별한 선택을 받았다는 느낌을 갖게 됐다. 잡스는 '나는 특별하다'는 자부심을 바탕으로 세계 최고의 IT 제품들을 기획해서 연달아 히트시켰다. 물론 잡스가 이런 확신을 할 수 있었던 배경에는 폴과 클라라 부부의 무한한 애정이 있었다.

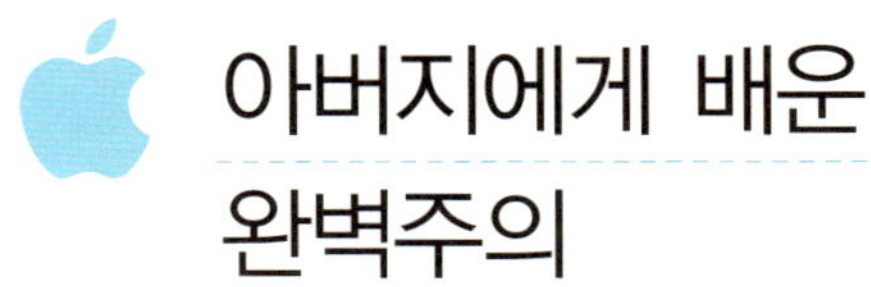

아버지에게 배운
완벽주의

잡스 부부의 집은 샌프란시스코 외곽의 신흥 주택단지에 있었다. 형편이 넉넉하지 않았던 탓에 집 안팎을 꾸미는 일은 물론이고 가구까지 직접 만들어서 써야 했다. 다행히 폴은 뭐든지 척척 만들어낼 정도로 손재주가 뛰어났다. 집 바깥의 울타리는 물론이고 책상, 의자, 옷장, 식탁까지 나무를 잘라 모두 손수 제작했다. 훌륭한 손재주 못지않게 아버지의 성실한 자세가 잡스에게 깊은 인상을 줬다.

집 주변에 울타리를 만들 때면 폴은 아들 잡스와 함께 작업을 하곤 했다. 어린 잡스의 생각에 금방 끝날 것 같던 작업도 한참 동안이나 계속됐다. 아빠 폴은 울타리로 쓸 나무를 깎은 뒤 땀을 뻘뻘 흘리며 대패와 사포로 매끈하게 다듬었다.

"애야, 잘 봐라. 울타리를 만들 때는 이렇게 앞뒷면을 매끈하게 잘 다듬어야 한단다."

잡스는 아빠의 말을 잘 이해할 수 없었다. 대충 나무를 잘라서 바닥에 세우기만 하면 울타리가 되는 걸로 생각했기 때문이다. 잡스가 아빠 폴에게 물었다.

"아빠, 울타리 뒷면은 길 가는 사람들이 보지도 않는데 대충해도 되지 않아요?"

폴은 온화한 얼굴로 아들을 바라봤다. 그리고 애정을 담은 눈으로 지그시 응시하고는 찬찬히 아들에게 일의 기본을 가르쳤다.

"아니야, 그렇지 않단다. 일을 하려면 제대로 해야지. 남에게 보이는 앞만 신경 쓸 게 아니라 숨겨져서 잘 안 보이는 뒤쪽도 잘 다듬어야지. 그렇게 해야 일이 완성되고 다른 사람에게도 인정을 받을 수 있는 거야."

어린 잡스는 아버지의 말에 깊은 감명을 받았고, 평생 이 말을 기억했다. 아버지의 이런 꼼꼼하고 치밀한 자세는 훗날 잡스의 완벽주의에 큰 영향을 줬다. 잡스는 매킨토시나 아이폰을 제작할 때 나사 못 하나의 수까지 일일이 헤아리고, 포장박스 디자인까지 일일이 챙겨야 직성이 풀릴 정도로 꼼꼼했다. 제품 발표회를 할 때는 며칠 전부터 대본을 외우고 예행연습을 하는 치밀함을 보였다. 아버지 폴이 "울타리 뒷면은 잘 안 보이니까 대충해도 된다"고 말했다면 잡스가 만든 제품도 줄줄이 불량품으로 전락했을지 모른다.

폴은 자신의 손재주와 열정을 아들에게 물려줬다. 새로운 기계에 대한 호기심이 많았던 잡스도 아버지와 함께 기계를 만지는 것을 좋아했다. 폴은 잡스가 여섯 살이 됐을 때 집 차고에 있는 그의 작업대 곁에 아들이 공구를 갖고 놀 공간을 따로 마련해줬다.

"자, 이제부터 여기가 네 작업대다. 뭐든지 만들어도 좋다. 폭탄처럼 위험한 것만 빼고 말이다. 하하."

중고차를 사서 수리해 되파는 부업을 하던 폴은 아들에게 자동차 엔진의 구조와 복잡한 전선 배선, 라디에이터와 통풍구 같은 자동차 설계의 세부사항과 작동 원리, 수리법, 크롬 합금 액세서리를 달아서 멋을 내는 법 등을 자세히 알려주었다.

아버지는 금융회사 수금원 일을 마치고 퇴근하면 늘 차고에서 잡스와 중고 자동차를 붙잡고 씨름했다. 회사를 쉬는 주말도 마찬가지였다. 고교 중퇴생인 그는 아들에게 차고에서 실전을 통해 인생의 경험을 전달했다.

아버지와 같이 자동차를 만지작거릴 때면 잡스는 자동차 자체보다 카오디오 같은 전자제품에 더 많은 관심을 보였다. 아들의 호기심과 적성을 파악한 폴은 주말에 잡스와 함께 전자부품상을 찾아다니며 중고 부품을 사주고 라디오, 전축 등 원하는 제품을 만들어보라고 지원했다.

폴은 복잡한 전자부품 목록과 가격을 거의 다 외우고 있었다. 그래서 가게 주인과 가격 협상을 할 때 한 푼이라도 더 깎을 수 있었다. 예를 들어 이런 식이었다.

"이것 보쇼. 이게 10달러라니 말이 돼? 5달러만 받아도 당신이 1달러 버는 건데! 단골이니 싸게 줘요. 대신 다음 주에 와서 다른 거 또 사갈게."

폴의 능수능란한 협상을 본 어린 잡스는 "아, 물건을 사고팔 때는 이렇게 하는 거구나" 하고 깨달았다. 폴이 구태여 가르치려고 하지 않아도 아버지를 따라다니며 잡스는 자연스레 세상 물정을 알게 됐다. 잡스가 수많은 거래처와 협상을 하면서 항상 자신에게 유리한 쪽으로 결과를 이끌어내 '신의 교섭력을 가진 남자', '협상의 달인'이라는 칭호를 얻은 것도 어려서부터 어깨너머로 체득한 아버지의 협상기술 덕분이라고 해도 과언이 아니다.

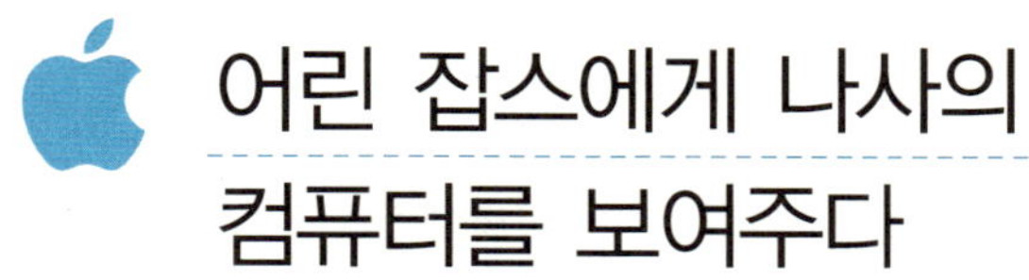

어린 잡스에게 나사의
컴퓨터를 보여주다

폴은 잡스가 당시 막 싹트기 시작한 전자공학에 재능을 보이는 점에 주목했다. 그는 실리콘밸리에 있는 나사(NASA, 미국 항공우주국) 연구소에 잡스를 데려가 대형 컴퓨터를 보여줬다. 당시 나사의 컴퓨터는 우주선의 궤도 계산 등 사람이 하기에는 지나치게 오랜 시간이 걸리거나 복잡한 계산 업무를 담당하고 있었다.

자동차보다 훨씬 거대하고 복잡한 컴퓨터가 조명이 번쩍거리는 가운데 '윙~윙' 소리를 내면서 작업을 처리하는 모습은 장관이었다. 어린 잡스는 컴퓨터를 보고는 바로 매료되어 자리를 뜰 생각을 하지 않았다.

"컴퓨터가 이렇게 멋진 거구나. 나중에 꼭 내손으로 컴퓨터를 만들어 보겠어.”

잡스는 이렇게 컴퓨터에 대한 꿈을 키워갔다. 얼마 지나지 않아 전자제품에 대한 지식 면에서는 잡스가 아버지를 능가했다. 아버지 폴은 자동차에 대해서는 척척박사였지만 전자공학은 제대로 배운 적이 없어서 그다지 자세히 알지는 못했다.

잡스의 부모는 이웃에 사는 전자회사 엔지니어에게 도움을 청했다. 초등학생 잡스를 이 집에 보내 마이크와 스피커의 작동 원리 등 전자공학의 기초를 배우게 한 것이다. 실리콘밸리 최초의 벤처회사인 HP(휴렛팩커드)에 다니던 그 엔지니어는 영민한 잡스에게 마이크, 배터리, 스피커, 저항, 콘덴서 등의 작동 원리를 친절하게 가르쳐줬다. 잡스는 스펀지가 물을 흡수하듯 빠른 속도로 지식을 깨우쳤다.

요즘은 ‘과학상자’ 같은 전자키트를 사서 순서대로 따라 하기만 하면 라디오 같은 간단한 구조는 쉽게 만들 수 있다. 하지만 예전에는 설계도면을 보면서 일일이 부품을 하나씩 찾아서 조립하는 복잡한 과정을 거쳐야 했다. 잡스는 주변에 굴러다니는 부품을 이것저것 끼워 맞춰 라디오 같은 전자제품을 만드는 손재주가 뛰어났다.

나중에 잡스는 마이크와 스피커를 연결해 간단한 도청장치도 만들었다. 이걸 부모님의 침실에 설치해 놓고는 무슨 소리가 나는지 다른 방에서 헤드폰을 끼고 몰래 엿들었다. 후에 이 사실을 알게 된 폴은 잡스를 혼내면서도 한편으로는 칭찬을 했다.

"이 녀석, 고약한 물건을 만들었구나. 네 실력이 훌륭한 건 잘 알겠으니 이제 우리 방에서 저걸 치워라."

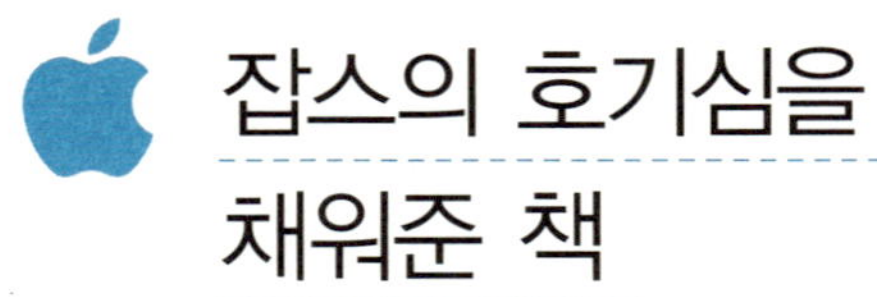

잡스의 호기심을
채워준 책

폴과 클라라 부부는 잡스가 자신들보다 똑똑하다는 사실을 일찌감치 파악했다. 이를 알고는 자식을 특별한 아이로 키우기 위한 노력을 아끼지 않았다.

어머니 클라라는 잡스가 학교에 들어가기 전부터 글을 읽고 쓰는 법을 가르쳤다. 미취학 아동이 알파벳을 깨우치는 게 흔하지 않았던 시절인데, 어머니는 잡스가 보통 아이보다 호기심과 이해력이 뛰어나다는 걸 알고는 책 읽는 법을 가르친 것이다. 잡스는 또래 아이들보다 2~3년 빨리 글을 읽고 쓰게 됐다.

이 당시 잡스가 제일 재미있게 읽은 책 중에 하나가 『지구백과』라는 책이다. 어린이들이 호기심을 가지는 여러 분야에 대한 답을 모아놓은 책인데, 궁금한 점이 있으면 언제든지 찾아보는 지금의 인터넷 검색과 비슷한 책이라고 보면 된다.

스튜어트 브랜드란 사람이 쓴 이 책은 단순한 종이책이 아니었다. 타자기, 가위, 폴라로이드 사진 등을 이용해 다양한 시각 효과를 주도록 제작됐다. 초보적인 단계의 멀티미디어 같은 책이었다. 잡스는 "그 책은 위대한 의지와 아주 간단한 도구만으로 만들어진 역작이었다"며 "당시 어린이들에게 성경과 같은 것이었다"고 회상했다.

저자 스튜어트는 친구들의 도움을 받아 몇 번의 개정판을 내놓다가 그가 수명이 다할 때쯤인 1970년대 중반에 최종판을 발간했다. 최종판 뒤쪽 표지에는 이른 아침 시골길 사진이 실려 있었는데, 그 사진 밑에는 이런 말이 적혀 있었다.

'끝없이 갈망하라. 우직하게 자신의 길을 가라(Stay hungry. Stay foolish).'

잡스가 훗날 스탠퍼드 대학 졸업식에서 인용한 바로 그 문구다. 잡스는 이를 자신의 좌우명으로 삼고 자신의 인생이 항상 그렇게 되도록 노력했다.

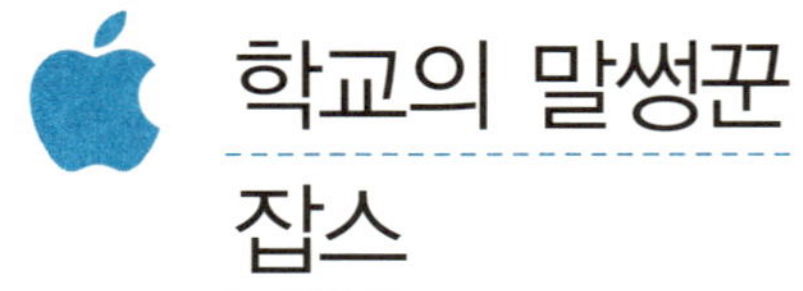

학교의 말썽꾼 잡스

　　책을 술술 읽게 된 잡스는 초등학교에 들어갈 당시 이미 지적수준이 또래들보다 훨씬 높았다. 이 때문에 또 다른 문제가 있었는데, 학교 수업시간에 배우는 내용이 이미 다 아는 것뿐이어서 잡스는 지루하기만 했다. 교실에 차분히 앉아 있는 일은 자유분방한 잡스의 성격에 맞지 않았다. 그는 학교에서 장난을 치고 말썽을 피우기 시작했다.

　　하루는 담임선생님 의자 밑에 폭탄 소리가 나는 장치를 설치했다. 아무것도 모르는 선생님이 의자에 앉자 '쾅' 하는 커다란 소리가 났다. 선생님은 깜짝 놀라 의자에서 굴러 떨어졌다. 거의 심장발작을 일으킬 정도였다. 잡스는 그 장면을 보고 깔깔대며 웃었다. 겨우 정신을 차린 선생님은 잡스를 꾸짖었다.

"잡스, 또 너로구나. 한 번만 더 그런 장난치면 부모님께 학교로 오시라고 한다!"

하지만 잡스는 개의치 않았다. 오히려 장난의 규모가 더 커졌다. 학교 게시판에 '내일은 애완동물 데리고 등교하는 날' 이란 안내문을 붙여놓기도 했다. 학생들은 "참, 이상한 날도 다 있네"라고 생각했다. 잡스가 장난삼아 붙여놓은 것인 줄은 아무도 몰랐다. 다음날 수백 명의 학생들이 개와 고양이를 데리고 학교로 왔다. 학교 전체가 애완동물 천국이 돼버렸다. 이쪽에서 강아지가 '멍멍' 하고 짖으면 반대쪽에서는 고양이들이 '야옹' 거리며 울어댔다. 교사들은 사방에서 들리는 울음소리에 정신이 없어서 우왕좌왕했다.

하루는 방과 후에 집에 가려던 잡스의 눈에 학교에 있는 자전거 보관대가 보였다. 즉시 잡스의 비상한 머리가 반짝거리며 장난거리가 떠올랐다. 이 보관대는 자전거를 묶어둔 자물쇠의 비밀번호를 알아야 열 수 있었다. 비밀번호는 각자가 정할 수 있는데 대개 외우기 쉽게 '1234'나 '0000' 같은 번호로 설정하는 것이 일반적이었다. 잡스는 자전거 수십 대의 비밀번호를 파악한 다음 이를 자기 맘대로 전부 바꿔버렸다. 나중에 자전거를 찾으러 온 친구들은 당황할 수밖에 없었다. 아무리 번호를 눌러도 자물쇠가 열리지 않았기 때문이다. 친구들은 저녁 늦게까지 집에 돌아가지 못한 채 고생해야 했다. 멀리서 그 광경을 낄낄대며 지켜보던 잡스는 그제야 짐짓 여유를 부리며 나타났다.

"어, 너희들 거기서 뭐하니? 무슨 문제 있어?"

잡스가 해놓은 장난일 줄 전혀 모르는 친구들은 지푸라기라도 잡는 심정으로 도움을 청했다.

"오~, 마침 잘 왔어. 자물쇠가 도저히 안 열리는데 네가 어떻게 좀 해봐."

잡스는 "어디 이 몸이 솜씨를 한번 발휘해볼까"라고 거들먹거리며 자전거 보관대로 다가섰다. 그다음에는 차례로 자물쇠를 풀기 시작했다. 자기가 바꿔놓은 비밀번호니 푸는 것은 식은 죽 먹기보다 쉬웠다. 사정을 알 리 없는 친구들은 "야~, 너 정말 대단하구나"라고 감탄하며 잡스를 추켜세웠다. 잡스는 주변 사람들에게 자신의 실력을 인정받는 것이 제일 재미있었다.

초등학교 3학년 때 담임교사는 잡스의 짓궂은 장난을 견디다 못해 3차례나 조기귀가 조치를 내렸다. 그리고는 부모를 학교로 불렀다.

"아버님, 잡스가 지금처럼 학교를 엉망으로 만들면 곤란합니다. 수업시간에는 만날 딴 짓만 하고, 온갖 장난을 쳐서 다른 학생들 공부까지 방해해요. 계속 이러면 학교를 더 이상 다니기 힘들지도 모릅니다."

이런 말을 들어도 폴은 아들을 혼내지 않았다. 폴은 잡스가 다른 아이보다 특별하다는 사실을 알고 있었고, 학교에서도 그렇게 대해 주기를 요청했다. 그는 교사에게 당당히 말했다.

"이봐요. 그건 우리 아이 잘못이 아닙니다. 학생이 공부에 흥미를 갖지 못하는 건 학교와 교사들 잘못이지요. 학생들의 호기심을 키워주지는 못할망정 바보 같은 내용만 달달 외우게 하는 게 문제 아닌가요?"

담임교사는 폴의 말에 말문이 막혔다. 논리적으로는 그 말이 맞기 때문이다. 그래도 담임교사는 잡스를 골칫거리로밖에 보지 않았다. 잡스는 학교에서 아무런 관심이나 보살핌을 받지 못했다. 물론 스스로 그런 대우를 자초한 측면도 크다.

다행히 그런 상황이 달라지는 계기가 생겼다. 초등학교 4학년 때 담임교사가 잡스의 재능을 알아본 것이다. 잡스는 학교의 말썽꾼이었지만 수학에서는 뛰어난 소질을 보였다. 이모진 힐이라는 이름의 담임교사는 잡스에게 어려운 수학 문제를 내주며 "이걸 다 풀면 커다란 막대사탕을 줄게"라고 잡스의 도전정신을 고취했다.

잡스는 끙끙 대면서 이틀 만에 문제를 다 풀었다. 담임교사에게 자랑스럽게 "선생님, 여기요. 문제 다 풀었으니 약속대로 사탕 주세요"라고 말했다.

잡스는 막대사탕과 보너스로 5달러의 용돈까지 받았다. 교사는 조금 더 어려운 문제를 내주고 또 상을 내걸었다. 그렇게 몇 달을 반복하자 이제 잡스는 사탕을 주지 않아도 스스로 문제를 찾아서 풀 정도로 수학에 관심을 보였다. 제도권 교육에 전혀 흥미가 없이 독학만 하던 잡스가 처음으로 학교에서 선생님께 제대로 배우는 것도 재미있다는 걸 깨달았다.

잡스는 훗날 "그때 선생님께서 이끌어주지 않으셨다면 나는 학교에 흥미를 잃고 소년원이나 들락거리는 비행청소년이 됐을 것"이라고 회상했다.

담임교사는 초등학교 4학년 말에 잡스의 수학 실력을 정밀하게 측정하는 평가시험을 보도록 주선했다. 결과는 놀라웠다. 시험 결과 잡스는 고교 2년생 수준의 실력을 갖춘 것으로 평가됐다. 그제야 학교에서도 잡스를 특별하게 보기 시작했다. 말썽꾸러기인 줄로만 알았던 잡스가 수학 영재라는 사실을 뒤늦게 깨달은 것이다.

학교 측은 잡스를 2년 일찍 중학교로 월반(越班)시킬 것을 권유했다. 하지만 폴과 클라라는 그 제안을 거절했다. 또래 아이들보다 너무 빨리 학년을 올라가면 학교생활에 적응하기 힘들 걸로 본 것이다. 결국 잡스는 1년만 월반을 해서 중학교로 진학했다.

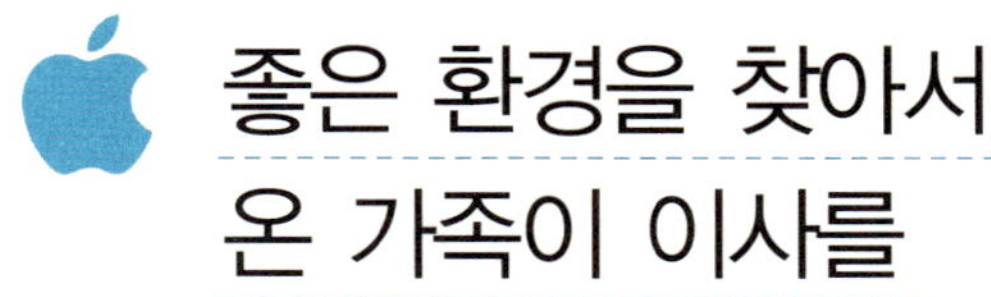

좋은 환경을 찾아서
온 가족이 이사를

폴과 클라라의 판단은 틀리지 않았다. 월반해서 입학한 중학교는 교육 환경이 좋지 않았다. 수시로 패싸움이 일어나고 어린 나이에 마약을 하거나 성폭행 사건으로 경찰에 잡혀가는 학생도 있었다. 같은 반 학생들은 한 살 어린 잡스를 괴롭히고 따돌렸다. 성적이 좋아서 중학교에 일찍 들어온 아이를 친구로 대해주지 않은 것이다. 용돈을 빼앗긴 적도 많았다.

요즘 사회 문제가 되고 있는 왕따 비슷한 일을 당한 것이다. 그나마 한 살 차이라 그 정도였지, 2년을 월반했다면 더 심하게 당했을 것이다. 사교성이 좋지 못했던 잡스는 매일 울면서 1년 반 동안 그 학교를 다녔다. 공부에도 흥미를 잃었고, 학교 성적은 바닥으로 떨어졌다. 하루는 집에 돌아와 부모에게 떼를 썼다.

"저 도저히 학교 못 다니겠어요. 애들이 매일 못살게 굴어요. 다른 학교로 전학시켜 주지 않으면 이제 학교 안 갈래요."

아들의 학교생활이 순탄치 않은 것을 부모도 알고 있었으나 그 정도로 심각한 줄은 몰랐다. 잡스를 끔찍하게 아끼는 부모였지만 당시는 집안 사정이 매우 어려웠다. 아버지 폴이 새로 시작한 부동산 중개업이 잘 안 되어 금전적으로 쪼들렸던 것이다. 며칠을 고심하던 클라라가 남편에게 말했다.

"여보, 힘들겠지만 애가 하자는 대로 해줍시다. 친엄마에게 대학까지 보내겠다고 철석같이 약속했는데 중학교도 제대로 마치지 못하면 어떻게 하겠어요. 제가 예전에 하던 경리 일을 다시 해서라도 생활비를 보탤게요."

"내 생각도 그래. 틈나는 대로 중고차 수리 부업을 하면 그럭저럭 생활이 될 거야. 다행히 애가 수학 실력이 좋으니 괜찮은 학교로 옮기면 공부에 다시 재미를 붙여서 잘 할 거요."

부부는 실리콘밸리 일대에서 가장 교육환경이 좋은 명문 학군이 어디인지를 수소문했다. 그리고는 집을 팔고 얼마 남지 않은 돈을 끌어 모아 로스앨터스 남부로 이사를 갔다. 학비가 비싼 사립학교를 가기는 도저히 힘들었고, 명문 공립 중학교인 쿠퍼티노 중학교로 옮기기 위해 학군이 좋은 곳으로 이사를 간 것이다. 미국도 한국과 마찬가지로 학군이 좋은 곳은 대개 집값이 비싸다. 학군이 좋다는 것은 주변 환경이 안전하고 주민들의 교육수준이나 생활수준도 중상 위권 이상이라는 뜻이기 때문이다. 잡스 부모는 사실 그 지역에 들어갈 정도로 생활에 여유가 있는 것은 아니었지만 똑똑한 아들을 제대로 키워보겠다는 일념에 다소 무리해서 이사를 간 것이었다.

잡스 가족이 이 지역으로 이사 간 것은 훗날 잡스의 운명에 결정적인 작용을 한다. 당시 샌프란시스코와 새너제이 일대에 전자업체들이 속속 몰려들면서 실리콘밸리를 형성했다. 로스앨터스 지역은 당시 실리콘밸리 부근의 전자산업이 급속히 성장하면서 이들을 위한 신흥 공공주택지로 개발된 곳이었다. 이웃에 사는 사람들도 HP 등 전자회사에 다니는 엔지니어들이 많아 교육 수준이 높았다. 주변 환경도 안전하고 유기농 채소를 직접 키워서 이웃들과 나눠먹을 정도로 따뜻한 분위기의 마을이었다.

이 집에도 차고가 있었다. 차고에서 아버지 폴은 자동차와 각종 기계를 수리하고 목공일을 해서 가구를 만들었다. 그 옆에서 잡스는 라디오와 전축 등을 분해하고 조립했다. 나중에 이 차고는 애플을 창업하는 역사적인 장소가 된다.

● 이 집의 차고에서 애플이 탄생했다

새 중학교로 옮긴 효과는 금방 나타났다. 이 학교 친구들은 잡스를 괴롭히지 않았다. 전학 왔다고 따돌리지도 않았고 또래 친구로 대해줬다. 주변이 안정되자 잡스는 다시 공부를 시작했고 수학과 과학 분야에서 뛰어난 재능을 발휘했다. 쿠퍼티노 중학교를 마친 잡스는 인근 홈스테드 고교에 진학한다. 이 학교도 교육환경은 좋은 편이었다.

고등학교에 진학해서는 자신의 장기인 전자공학 외에도 문학·역사·철학 분야 책을 폭넓게 읽었다. 이 기간 동안 잡스는 정신적으로 한층 성숙해졌다. 셰익스피어의 고전『리어왕』, 미국 작가 멜빌의 소설『모비딕』, 플라톤의『대화』등이 이 시절에 감명 깊게 읽은 책이다. 잡스는 히피 문화, 동양적 선불교에 심취했다.

재즈와 클래식 등 음악을 듣는 데도 많은 시간을 할애했다. 특히 당시 유행했던 반전(反戰)운동의 기수였던 포크가수 밥 딜런과 존 바에즈는 그의 우상이었다. 메시지가 담긴 가사를 음미하며 잡스는 그들의 노래를 반복해서 들었다. 밥 딜런의 공식, 비공식 연주 테이프를 사 모으는 것도 그의 취미였다. 존 레논과 폴 매카트니 등이 멤버로 있던 비틀즈에도 잡스는 열정적으로 빠져들었다. 기술과 인문학, 예술을 결합한 르네상스형 천재의 소양이 이때 집

● 애플의 공동 설립자 스티브 워즈니악

중적으로 길러진 것으로 보인다.

특히 잡스가 이 학교를 다니지 않았다면 애플이 탄생하지 못했을 지도 모른다. 애플을 공동으로 창업하는 스티브 워즈니악도 쿠퍼티노 중학교와 홈스테드 고등학교를 나온 선배였기 때문이다. 전자공학과 컴퓨터에 깊은 관심이 있었던 두 사람은 금세 친해져 형, 동생 하는 사이가 됐고, 훗날 애플 성공신화를 쓰게 된다.

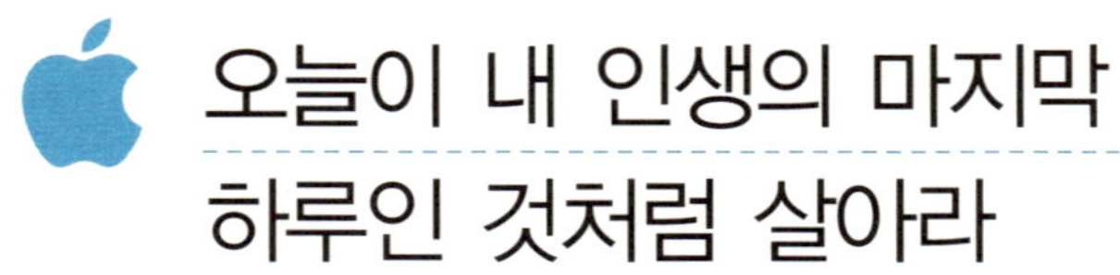 오늘이 내 인생의 마지막 하루인 것처럼 살아라

인생의 의미에 대해 성찰하던 잡스는 17세 때 이런 경구를 읽고 깊은 감동을 받는다.

'매일이 인생의 마지막 날인 것처럼 산다면 언젠가는 위인이 되어 있을 것이다.'

잡스는 이 글을 본 이후 매일 아침 거울을 보면서 자신에게 이렇게 질문을 했다.

'오늘이 내 인생의 마지막 하루라면 지금 내가 하려던 그 일을 할 것인가?'

중요한 결정을 해야 할 때 며칠간 연속으로 '아니요(No)'라는 답이 나오면 잡스는 변화를 택했다. 잡스의 부모는 아들의 이러한 성장을 유심히 관찰하며 대견해했다.

스티브 잡스의 부모는 아들이 재미있어 하는 일은 뭐든 적극 지원했다. 고교 1학년이 끝나고 여름방학 기간에 잡스는 전자부품 공장에서 아르바이트를 했다. 조립라인에서 볼트와 너트를 끼우는 일이었다. 단순한 작업이었지만 잡스는 일을 잘 했다. 어려서부터 아버지와 차고에게 기계를 만지며 자라서 손재주가 뛰어났다. 나이가 어린데도 어른들보다 작업속도가 더 빨라 칭찬을 받을 정도였다.

아버지 폴은 매일 아침 잡스를 공장에 데려다줬고, 퇴근길에는 다시 잡스를 태워 집으로 돌아왔다. 당시 직장 동료들은 퇴근 후에 술잔을 기울이는 것이 하루의 피로를 푸는 즐거움이었다. 하지만 동료들이 "어이, 맥주 한 잔 어때"라고 권해도 폴은 "아들 데리러 가야 해"라며 극구 사양했다. 한여름에 시원한 맥주 생각이 간절했지만 어린 나이에 공장에서 일하는 아들이 안쓰러워 일이 끝나는 대로 잡스에게 달려온 것이다.

출퇴근 시간에 부자는 학교와 직장 애기, 장래 희망, 잡스의 여자친구 등 여러 가지 이야기를 나누며 정을 쌓았다. 부모와 자녀간에 대화가 단절된 요즘 부모들이 주의를 기울여야 할 대목이다.

잡스는 땀 흘려 일하는 것을 좋아했다. 신문배달도 했다. 비가 오는 날에는 아버지 폴이 차를 몰며 신문배달 구역을 같이 돌면서 배달 일을 도와줬다.

신문을 배달할 때도 잡스는 아무 생각 없이 신문을 돌리지 않았다. 자신이 맡은 구역 내에서 가장 짧은 시간에 배달을 마칠 수 있는 루트가 무엇일지를 끊임없이 연구했다. 단지 이동거리가 짧다고 좋은 것이 아니라 도로 사정과 신호등 개수, 구독 가정들 사이의 간격 등을 종합해 최적의 배달 루트를 찾았다. 덕분에 잡스는 다른 사람들보다 30분 정도를 단축할 수 있었다. 폴은 그런 아들을 보면서 "얘는 나중에 보통 아이들과는 다른, 뭔가 큰일을 할 것 같다"는 느낌을 받았다.

잡스처럼 신문배달원 출신으로 여러 분야의 정상에 오른 사람들이 많다. 경제지 〈포브스〉가 조사를 해보니 억만장자 400명의 첫 번째 직업 1위가 신문배달원이었다. '투자의 귀재', '오마하의 현인'으로 불리는 워런 버핏(버크셔 해서웨이 회장)을 비롯해 잭 웰치(GE 전회장), 어린이들의 영원한 친구 월트 디즈니(디즈니영화사 창업자), 영화 〈미션임파서블〉 시리즈의 주인공 배우 톰 크루즈 등도 신문배달원으로 사회에 첫 발을 디뎠다. 신문배달은 튼튼한 몸과 일하고자 하는 의지만 있으면 누구나 할 수 있는 좋은 일거리였다.

특히 마이크로소프트 창업자인 빌 게이츠와 더불어 세계 최고의 부자 자리를 다투던 워런 버핏은 신문배달에 애착이 많다. 그는 어린 시절 다른 배달원보다 신문을 더 빨리 배달하기 위해 직접 신문

접는 비법을 고안해냈다.

버핏은 2012년 한 행사에서 1940년대 길거리 신문배달부 복장을 하고 나타나 가방에서 빼낸 신문 500부를 능숙한 솜씨로 접은 뒤 참석자들에게 던져주기도 했다. 2차 세계대전 당시 신문배달 기법을 선보인 것이다. 버핏은 '나는 신문배달부일 뿐입니다'라는 노래도 부를 정도로 신문배달 일에 애착을 갖고 있다. 버핏은 또래 친구들이 따뜻한 침대에서 단잠을 자는 시간에 일어나 부지런히 신문을 돌리며 근면한 습관을 들이고 사업가 근성도 길렀다고 회고한다. 신문배달로 모은 돈 5,000달러로 사업 밑천을 마련했다는 일화도 유명하다.

무슨 일을 하든지 그저 수동적으로 남들이 하는 대로 따라만 해서는 아무런 발전이 없다. 잡스와 버핏의 사례에서 보듯이 어떤 환경에서도 조금이라도 나아지려고 애쓰면 그만큼 남보다 뛰어난 성과를 거둘 수 있다. 그 경험은 다음에 다른 일을 할 때도 든든한 무형의 자산이 된다.

스티브 잡스는 신문배달 외에도 여러 아르바이트를 하며 사회를 배웠다. 고교 2학년 때 전자기기 판매상에서 아르바이트 할 때도 늘 아버지가 차를 태워줬다.

폴은 잡스가 15세 때 처음으로 자가용을 사줬다. 폴은 자동차에 관해서는 모르는 게 없는 척척박사였다. 잡스도 아버지의 자동차에 관한 지식에는 혀를 내두를 정도다. 폴은 중고차를 구해서 엔진과 타이어, 헤드라이트 등을 모두 교체해 새 차처럼 만들어서 잡스에게 줬다. 1년 뒤 잡스가 아르바이트를 해서 번 돈으로 멋진 빨간색 피아트 쿠페(지붕이 낮고 날렵한 스포츠카 형태의 승용차)를 살 때도 마찬가지였다. 중고차 매장에 아들을 데리고 간 폴은 이것저것 둘러보기만 할 뿐 쉽게 결정을 내리지 않았다. 잡스는 처음부터 빨간색 피아트를 사려고 마음을 먹고 간 터라 조급했다.

"아빠, 이게 좋겠어요. 이걸로 해요."

하지만 폴은 느긋했다. 자동차는 물론이고 무슨 물건이든 간에 사고팔 때는 서두르는 사람이 손해를 보고 느긋한 자세로 임하는 사람이 이득을 본다는 진리를 오랜 경험으로 알고 있었다. 참다 못 한 판매원이 먼저 "손님, 얼마까지 깎아드릴까요"라고 손을 들자 그제야 가격 흥정에 나섰다. 파격적인 가격으로 아들의 자동차를 산 폴은 자동차 성능검사, 등록과정까지 세심하게 챙겨줬다.

"얘야, 나도 처음부터 네가 그 차를 좋아하는 줄 알았단다. 하지만 판매원이 네 속마음을 알면 이미 협상은 끝난 거란다. 나중에 다른 일을 할 때도 이걸 명심해라."

적당히 관심이 있는 척, 없는 척 하면서 밀고 당기기를 하면 더 좋은 조건을 얻어낼 수 있다는 뜻이었다. 서둘러서 일을 그르치는 것보다는 천천히 하더라도 확실한 결과를 내는 쪽이 장기적으로 낫다는 말이다. 잡스는 아버지의 말을 잘 새겨듣고 실천했다.

그는 훗날 컴퓨터와 아이폰 등을 개발할 때 자신이 정한 기준을 충족하지 못하면 일정을 뒤로 미루어서라도 완벽한 제품을 출시하려고 애썼다. 물론 일정을 지키는 것도 중요하지만 발표시한에 쫓겨서 어설픈 제품을 내놓았다가는 고객의 신뢰를 영영 잃어버릴 수도 있기 때문이다. 잡스의 선택이 옳다는 것은 나중에 시장에서 증명됐다.

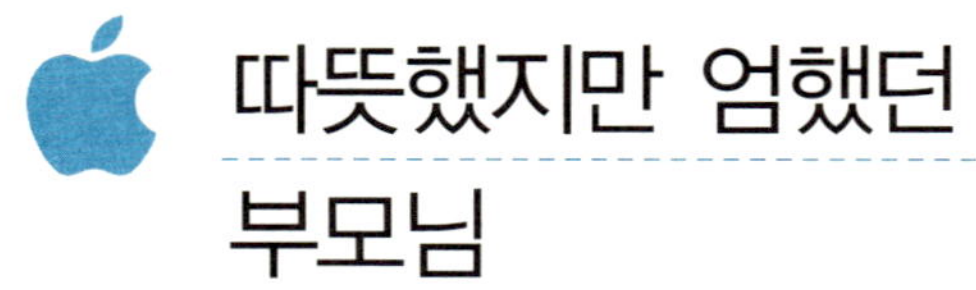

따뜻했지만 엄했던
부모님

부모의 따뜻한 사랑을 받고 자란 잡스도 청소년기가 되자 반항심이 강해졌다. 그리고 입양아라는 사실과 관련해 점차 자신의 정체성을 찾으려는 고민도 많이 하게 됐다. 가끔은 아버지 폴에게 대드는 경우도 있었다.

잡스는 고교 시절 마리화나를 피우기 시작했다. 어느 날 아버지 폴이 잡스의 짐을 정리하다 마리화나를 발견했다. 깜짝 놀란 폴이 물었다.

"너, 도대체 이게 뭐냐?"

괜히 반항기가 발동한 잡스는 잘못을 비는 대신 태연하게 말했다.

"아, 마리화나인데 별거 아니에요."

그러자 폴이 노발대발해 잡스를 큰 소리로 꾸짖었다. 화가 머리

끝까지 난 무서운 얼굴이었다.

"지금 그걸 말이라고 하냐? 도대체 무슨 생각을 하는 거야? 이런 건 당장 때려치워라!"

자상하고 다정한 아버지였지만, 다른 건 다 용서해도 아들이 환각제로 자신의 몸과 정신을 황폐하게 만드는 것은 도저히 볼 수 없었던 것이다. 늘 온화한 모습만 보이던 아버지가 불같이 화를 내자 잡스도 당황했다. 훗날 잡스가 "아버지가 그날처럼 화를 내신 적은 그 전에도, 그 후에도 보지 못했다"고 회상할 정도였다. 하지만 잡스도 지지 않고 말대꾸를 했다.

"신경 쓰지 마세요. 어차피 제 인생이니 제 마음대로 살 겁니다!"

아들의 반항에 아버지 폴은 한숨을 내쉬었다.

"그동안 내가 널 이렇게 키운 게 아닌데……, 도대체 뭐가 잘못된 건지 모르겠다. 내가 어떻게 하면 되겠니?"

그제야 잡스도 아버지에게 잘못을 빌었다.

"죄송해요, 그럴 뜻이 아니었는데……. 제가 잘못했어요……."

아들의 삐딱한 행동으로 인해 심한 말다툼을 한 이후에도 폴은 언제나 아들 편이었다. 하지만 잡스는 그날 이후에도 마리화나를 끊지 못했다. 다만 아버지에게는 절대 그 사실이 발각되지 않도록 주의했다. 사춘기의 잡스는 양부모의 따뜻한 둥지에서 벗어나기 위해 끊임없이 일탈을 시도하고 있었다.

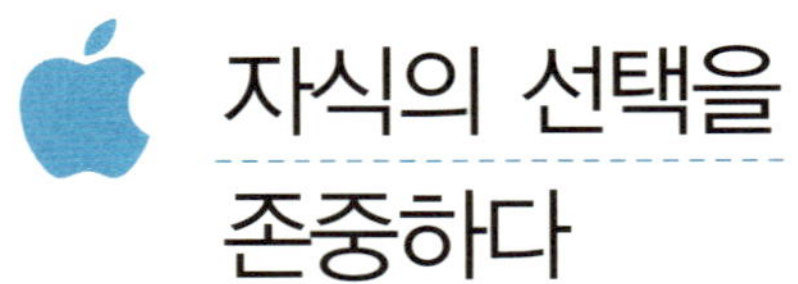

자식의 선택을
존중하다

고교를 졸업하고 대학에 갈 때가 되자 다시 잡스가 고집을 피웠다. 성적이 좋았던 잡스는 실리콘밸리에 속하는 버클리 주립대에 충분히 입학할 수 있었고, 명문 사립대인 스탠퍼드 대학에 지원하면 장학금도 받을 수 있었다. 집 근처에 있는 명문 대학에 좋은 조건으로 갈 수 있는데도 잡스는 다시 엉뚱한 소리를 했다. 반항심이 커지고 있던 잡스는 "대학에 가지 않겠다"고 선언해 부모님을 놀라게 했다.

"대학 따위 가면 뭐 해요. 별로 재미도 없는데……. 그냥 좀 놀다가 일자리 구할게요."

사실 이 말은 진심이 아니었다. 명문대에 가기를 간절히 바라는 부모님의 마음을 알고는 괜히 어깃장을 놓은 것이었다. 부모는 아들의 마음을 돌리기 위해 무진 애를 썼다.

"네 인생은 네 것이 맞다. 하지만 네가 대학을 마치도록 하는 것은 우리의 의무란다. 제발 다시 생각을 해봐라."

그러자 잡스는 다른 제안을 했다.

"그럼 저는 오레건주에 있는 리드(Reed) 대학에 갈래요. 거기 안 보내주면 정말로 대학 안 가요."

폴과 클라라 부부는 '리드 대학'이라는 학교 이름을 그때 처음 들어봤다. 인문학 중심의 소규모 대학인 리드 대학도 나름대로 명문이었지만, 스탠퍼드에 장학생으로 입학할 수 있는 실력을 갖춘 아들이 갈 곳은 아니라고 봤다. 게다가 리드 대학의 등록금은 미국에서도 제일 비싼 수준에 속했다. 당시 동양 철학에 빠져있던 잡스는 철학과 예술 분야의 교수진이 탁월한 이 학교 외에는 가지 않겠다고 고집을 부렸다. 부모님의 벌이로는 감당하기 어렵다는 걸 뻔히 알면서도 끝까지 마음을 바꾸지 않으며 고집을 피웠다.

부모는 결국 아들의 선택을 인정할 수밖에 없었다. 잡스가 중학교를 전학시켜 달라고 떼를 쓰던 때와 마찬가지였다. 대학에 꼭 보내려는 것이 잡스를 입양할 때 친어머니에게 한 약속 때문만은 아니었다. 지금 와서 약속을 지키지 않는다고 해서 아이를 다시 찾아갈 것도 아니었다. 폴과 클라라 부부는 진심으로 아들의 장래를 생각해 꼭 대학에 보내주고 싶었다. 자신들은 대학 문턱을 넘어보지도 못했지만 아들에게는 더 많은 기회를 주고 싶었던 것이다.

부부는 아들의 대학 입학금을 마련하기 위해서 10여 년간 모은 적금통장을 깼다. 이 통장은 부모가 가진 재산의 거의 전부였다. 폴이 아내 클라라에게 말했다.

"어쩌면 이것이 우리가 잡스에게 해줄 수 있는 마지막 선물일지도 몰라요. 우리 생활이 더 어렵긴 하겠지만 아들이 마음 편히 공부하게 도와줍시다."

1972년 8월말 미국 오리건주 포틀랜드에 있는 리드 대학, 폴과 클라라 잡스 부부는 아들을 차에 태우고 캘리포니아주 로스앨토스에서 1,000킬로미터를 달려왔다. 아들을 대학 기숙사에 넣어주고 입학식에 참석하기 위해서였다. 우리나라도 신학기가 시작될 때 지방에서 부모가 짐을 싸들고 같이 올라와서 자녀가 입학한 대학 부근에 기숙사나 하숙집을 얻어주는 풍경을 생각하면 크게 다르지 않을 것이다. 하지만 학교 앞에 도착하자 아들은 또 심통을 부렸다.

"아버지, 어머니는 이제 돌아가세요. 학교에는 저 혼자 들어갈 거예요."

"아니, 그게 무슨 소리냐. 우리가 여기까지 힘들게 같이 왔는데 너 입학식 하는 거라도 보고 가야지."

"저는 괜찮으니까 제발 그냥 돌아가세요. 누가 보면 부끄럽잖아요."

결국 부모는 섭섭한 마음을 안은 채 발길을 돌렸고, 잡스는 혼자서 교문을 통과해 들어갔다. 어머니 클라라는 집으로 돌아오는 내내 차에서 눈물을 흘렸다. 마음에 상처를 입은 것은 폴도 마찬가지였다. 집으로 돌아오는 차 안에는 무거운 정적이 흘렀다.

잡스는 훗날 자신이 저지른 잘못을 반성하며 가슴을 쳤다. 부모 가슴에 심한 못을 박은 걸 후에야 깨달은 것이다. 잡스는 자신의 전기에서 이렇게 말했다.

"저를 위해 평생을 희생하신 분들인데, 내 인생에서 가장 부끄러운 순간이었습니다. 부모님께 정말 큰 상처를 줬어요. 저를 그 대학에 보내기 위해 얼마나 애를 쓰셨는데……. 그때는 괜히 치기어린 생각으로 혼자이고 싶었어요."

이렇게 힘들게 들어간 대학을 잡스는 한 학기 만에 때려치운다. 고집을 부려서 리드 대학에 입학하긴 했는데 부모가 힘들게 모아뒀던 돈이 모두 자신의 학비로 들어가는 현실을 그대로 두고보기는 힘들었기 때문이다. 게다가 대학생활은 자신의 생각과도 많이 달랐다. 관심도 없는 필수과목을 억지로 들어야 한다는 사실에 그는 흥미를 잃었다. 미국에서 제일 비싼 학비를 받는데도 그만한 가치가 없어 보였던 것이다.

잡스는 2005년 스탠퍼드 대학 졸업식에 참석해 축사를 하면서 이렇게 말했다.

"내가 무엇을 하고 싶은지, 또 대학 교육이 그것에 얼마나 도움이 될 것인지 알 수 없었습니다. 그냥 저는 부모님이 평생토록 모은 재산을 쏟아붓고 있었죠. 그래서 결심을 했고, 모든 것이 잘될 거라고 믿고 자퇴한 것이죠. 당시에는 두려웠지만 되돌아 볼 때 그것은 제 인생에 있어서 최고의 결정 중 하나였습니다."

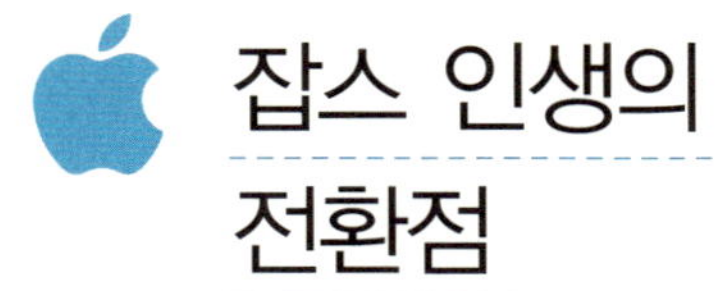

잡스 인생의 전환점

아들이 한 학기 만에 대학을 그만뒀다는 소식을 들은 부모는 다시 한 번 낙담했다. 막대한 등록금 부담에서 벗어날 수 있다는 안도감보다는 아들이 대학을 마치지 않은 데에 대한 실망감이 더 컸다. 걱정하는 부모에게 잡스는 전화로 이렇게 얘기했다.

"집에 안 가고 당분간은 학교에 남아 있을 겁니다. 재미없던 필수 과목들을 듣는 것을 그만두고 보다 더 흥미 있는 강의를 들을 수 있어서 좋아요."

학교를 그만 둔 잡스의 생활이 핑크빛이었던 건 아니다. 더 이상 학교 기숙사에 머물 수 없었기 때문에 친구들의 방을 이곳저곳 전전하며 마룻바닥에서 새우잠을 자야했고, 쓰레기통을 뒤져 빈병을 모아다가 팔아서 그 돈으로 끼니를 때우기도 했다.

일요일에는 10킬로미터를 걸어가서 인도 사원의 예배에 참석했다. 예배가 끝나면 공짜 점심을 주기 때문이었다. 잡스는 "그때 먹은 밥은 정말 맛있었다"고 회상했다. 순전히 호기심과 직감만을 믿고 대학을 자퇴했지만 잡스는 이 기간을 정말 값진 경험을 쌓을 수 있는 기회로 살려냈고, 이 당시 쌓은 경험은 잡스 인생의 중요한 전환점이 되었다.

스티브 잡스를 매료시킨 서체(書體, caligraphy)와의 만남도 이 기간에 이루어졌다. 당시 리드 대학은 서체 교육에 관해서는 미국 최고였다. 잡스는 학교 곳곳에 붙어있는 포스터와 서랍에 붙어있는 상표와 그림들에 매혹됐다. 모두 손으로 아름답게 그린 서체 예술이었다. 잡스는 자퇴 후에 필수 이수과목을 들을 필요가 없어져 관심이 가는 강의실에만 기웃거렸다. 당연히 서체 수업도 청강했고, 학교 측도 열의를 보이는 잡스의 청강을 모른 척 묵인했다.

잡스는 이때 다양한 글자체의 매력과 서로 다른 글씨를 조합하고 여백을 꾸미는 법, 멋진 글자체의 요소에 대해 공부했다. 무엇이 아름다운 디자인인지, 구성요소에서 무엇을 더하고 빼서 디자인의 완성도를 높이는지에 대해서도 눈을 떴다. 한마디로 심미안(審美眼)을 갖게 된 것이다. 특히 잡스는 간결하고 세련된 미니멀리즘 디자인에 관심을 가졌다.

"과학적인 방식으로는 도저히 표현해낼 수 없는 아름다움, 예술
이었지요. 저는 완전히 빠지고 말았답니다."

이런 강의가 당장 잡스의 인생에 실질적인 도움이 될 것 같지는
않았다. 하지만 대학을 자퇴한 지 10년 후, 잡스가 문자 대신 그림
위주의 사용자 환경인 '그래픽 유저 인터페이스(GUI)'를 구현한 혁
신적인 컴퓨터, '매킨토시'를 구상할 때 그것들은 찬란히 빛을 발했
다. 잡스는 매킨토시에 그 기능을 대폭 집어넣었고, 매킨토시는 아
름다운 서체를 가진 최초의 컴퓨터가 되었다. 잡스가 그 서체 수업
을 듣지 않았다면 아직까지도 개인용 컴퓨터에는 이런 기능이 탑재
되지 않았을지도 모르는 일이다.

 언제나 든든한 그 한마디, 나는 너를 믿는다

잡스는 리드 대학에서 1년간 청강생 생활을 한 뒤 1974년 부모님이 계시는 로스앨터스의 고향 집으로 돌아왔다. 아무렇게나 내버려둔 머리카락은 히피처럼 덥수룩했고, 채식 다이어트를 한답시고 몸은 비쩍 말라 있었다. 폴과 클라라 부부는 아들을 조금도 나무라지 않았다. 그저 "좋은 경험을 하고 왔구나. 고생 많았다"라고 얘기할 뿐이었다. 그 말 속에는 타지에서 제대로 먹고 자지 못하고 고생하며 지낸 아들에 대한 안쓰러움이 짙게 배어 있었다.

집 근처 실리콘밸리의 게임회사에 다니던 잡스는 2년 뒤인 1976년 아버지의 차고에서 애플을 창업한다. 당시 잡스는 아버지에게 컴퓨터 회사 설립 계획을 밝히고 도움을 요청했다.

"아버지, 제가 사업을 하나 해보려고 하는데, 좀 도와주세요."

"뭘 만드는 회사인데 그러니? 내가 뭘 도와주면 될까?"

"컴퓨터라는 전자기기를 만들 거예요. 우선 부품을 쌓아놓고 조립할 공간이 필요하고, 사무실도 있으면 좋겠어요."

폴은 10대 후반부터 여기저기 방황하던 아들이 마음을 잡고 사업에 의욕을 보이자 적극적으로 도와주기로 했다.

"얘야, 우리 형편이 넉넉하지 않아서 창업 자금을 대주긴 어렵겠다. 하지만 여기 차고와 우리 집 거실, 부엌은 네 마음대로 써도 좋다. 컴퓨터에 대해서는 내가 잘 모르지만, 네가 마음먹고 한 일은 다 잘해냈으니, 이번에도 잡스 너는 성공할 거다. 나는 너를 믿는다."

"예. 고마워요, 아버지. 저도 아버지가 저를 믿어주실 줄 알았어요."

잡스는 고교 선배인 스티브 워즈니악과 함께 아버지 집 차고에서 애플을 창업했다. 아버지는 자동차로 부품 상자를 나르는 일을 도와주기도 하면서 이들이 차고에서 컴퓨터를 조립하는 장면을 흐뭇하게 바라봤다. 아들이 열정을 갖고 일하는 장면을 바로 곁에서 지켜보는 일은 언제나 즐거웠다.

어머니 클라라는 부엌에서 직원들의 식사를 담당했다. 음식 솜씨가 뛰어난 클라라가 마련한 식탁은 풍성하진 않아도 건강식으로 큰 인기를 끌었다. 잡스는 당시부터 채식 위주의 식단을 고집해 고기를 거의 입에 대지 않았다. 클라라는 아들을 위해 신선한 제철 채소 위주로 식단을 짰다. 클라라는 집으로 걸려오는 주문전화를 받는 사무직원 역할도 같이 했다. 집으로 바이어가 찾아오면 커피를 대접하고 거실에 차려진 사무실 청소도 도맡으면서 말이다.

부모의 전폭적인 지원 속에 잡스는 개인용 컴퓨터 '애플 I'과 '애플 II'를 내놓아 대히트를 쳤다. 회사가 커지면서 집에서 독립한 그는 30세가 되기도 전에 미국에서 가장 젊은 백만장자가 됐다. 차고에서 2명으로 시작한 애플은 10년 후에 4,000명의 종업원을 거느린 200억 달러짜리 기업이 되었다. 하지만 지나친 자신감과 독선적인 경영으로 잡스는 30세가 되던 1985년, 자신이 세운 회사에서 쫓겨나는 비운을 맛본다. 괴팍한 천재였던 잡스의 퇴장 이후 애플도 IBM과 마이크로소프트 등 경쟁사들의 공세에 밀려 쇠락의 길을 걷는다.

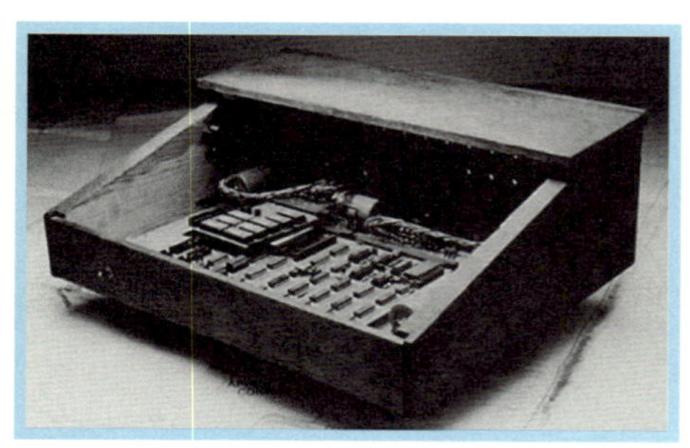

● 수작업으로 하나씩 만들어진 애플 I

● 대히트를 기록한 애플 II

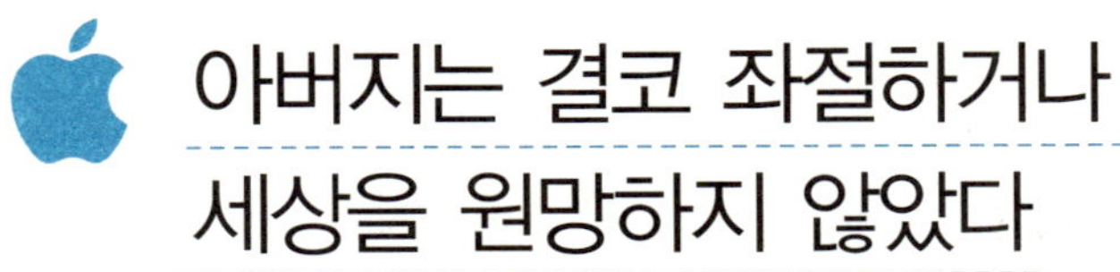

아버지는 결코 좌절하거나
세상을 원망하지 않았다

자신이 설립한 애플에서 쫓겨난 잡스는 크게 실망했지만 결코 좌절하지는 않았다. 오히려 "어디 한번 두고보자"며 이를 악물었다. 아버지 폴도 자동차 수리공, 기계공, 금융회사 대출금 회수요원, 부동산 중개업 등 다양한 직업을 거쳤지만 결코 좌절하거나 세상을 비관적으로 보지는 않았다. 아버지는 아들에게 많은 지식을 알려주지는 못했지만 삶으로써 모범을 보이며 살았다. 아버지처럼 모범적인 성격은 아니었지만 잡스도 인생의 고비에서 쉽게 물러서지는 않았다.

"당시에는 잘 몰랐지만 애플에서 해고당한 것은 내 인생 최고의 사건이었어요. 성공이란 중압감에서 벗어나 내 인생 최고의 창의력을 발휘하는 시기로 갈 수 있게 됐죠."

● 넥스트를 설립한 1992년경의 잡스

이후 잡스는 컴퓨터 회사 '넥스트'를 설립하고, 조지 루카스의 루카스 필름으로부터 애니메이션 제작사 '픽사'를 인수한다. 잡스가 인수를 한 뒤, 픽사는 세계 최초의 3D 애니메이션 〈토이스토리〉를 만들어 대박을 터뜨렸고, 세계에서 가장 성공한 애니메이션 제작사로 성장했다. 잡스도 그 덕에 많은 돈을 벌었고, 픽사는 74억 달러에 '디즈니'에 인수된다. 500만 달러에 사들인 회사를 잡스는 1,500배로 키워낸 것이다. 인수 때 받은 주식으로 잡스는 개인적으로 디즈니의 최대 주주가 되기도 했다.

넥스트도 잡스에게 날개를 달아준다. 부진에 빠져 허덕이던 애플이 돌파구를 찾기 위해 넥스트를 인수하면서 잡스는 애플에 화려하게 복귀한다. 그가 넥스트에서 개발하고 구현한 기술들은 파산 직전의 애플이 현재의 애플로 화려하게 부활하는 데 중추적인 역할을 했다. 애플은 잡스가 최고경영자로 복귀한 이후 아이팟, 아이폰, 아이패드를 연속적으로 히트시키며 최고의 전성기를 구가했다. 잡스는 이렇게 말했다.

"제가 그때 애플에서 해고당하지 않았다면 이 많은 일들이 일어나지 않았을 것입니다. 때로는 인생이 당신을 배신하더라도 결코 믿

음을 잃지 마세요. 제가 계속 움직일 수 있었던 힘의 원천은 제가 하

는 일을 진정으로 사랑하는 것이었습니다."

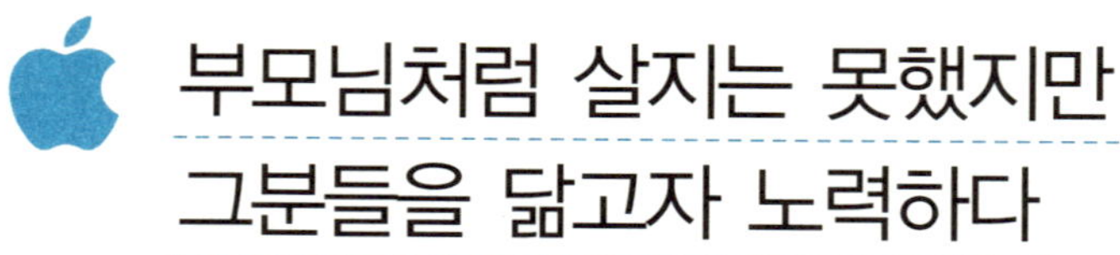

부모님처럼 살지는 못했지만
그분들을 닮고자 노력하다

잡스는 인생의 절정기였던 2004년에 췌장에서 암이 발견돼 오랜 투병생활을 했다. 병마에 시달리면서도 창조적 발상으로 세상을 바꾼 잡스는 결국 2011년 숨을 거둔다. 그가 말년까지 평온한 상태를 유지할 수 있었던 것은 모두 가족 덕분이었다.

부모인 폴과 클라라는 1980년대에 이미 세상을 떠났고, 잡스는 아내와 여동생, 자녀들의 보살핌 속에 남은 인생을 정리했다. 잡스는 그동안 사업을 핑계로 자녀들과 많은 시간을 보내지 못한 것을 특히 아쉬워했다. 자신이 부모에게 받았던 것처럼 자신의 자녀에게 사랑을 많이 베풀어주지 못한 것을 항상 미안하게 생각했다. 그래서 아픈 몸을 이끌고 틈틈이 자녀와 국내외 여행을 다니며 마지막 생을 보냈다.

잡스는 분명 부모의 말을 잘 듣는 스타일은 아니었다. 오히려 말썽쟁이에 더 가까웠다. 하지만 그런 그도 부모님을 생각하면 항상 애틋한 정과 깊이 감사하는 마음이 가득했다.

"부모님은 성실한 분이었습니다. 저는 부모님처럼 살지는 못했지만 그분들이 훌륭한 분이라는 건 잘 알고 있습니다."

잡스는 형편이 어려운 가운데서도 자신을 키우느라 헌신한 양부모를 깊이 존경하고 사랑했다. 그는 "폴과 클라라는 1,000퍼센트 내 부모님"이라고 말했다.

잡스는 친부모를 수소문해서 찾기도 했다. 잡스는 친어머니 조앤, 여동생 모나와는 연락을 주고받으며 지냈지만, 친아버지 잔달리와는 완전히 연락을 끊고 지냈다. 대학 교수를 지낸 친아버지 잔달리는 잡스를 입양시킨 뒤 어머니 조앤과 결혼했다가 나중에 이혼했다. 잡스는 잔달리가 한때 실리콘밸리에서 운영한 식당에 들러 마주친 적이 있었다. 하지만 나중에 그가 자신의 친아버지라는 사실을 알고는 발길을 끊었다. 자신을 버린 아버지에 대한 감정이 남아 있었기 때문이라고 사람들은 추측했다.

잔달리도 후에 잡스가 자신의 아들이라는 사실을 알게 됐다. 잔달리는 잡스의 건강이 나빠졌다는 사실을 안 이후 2010년과 2011년에 잡스에게 "생일 축하한다", "건강 회복을 빈다"와 같은 간단한 내용의 이메일을 가끔 보냈다. 그는 "왜 이메일을 보내겠다는 생각이 들었는지 모르겠다"며 "아마 잡스의 건강 얘기를 듣고 마음이 좋지 않아 그랬던 것 같다"고 말했다.

그는 잡스가 숨지기 3개월 전 〈뉴욕포스트〉와의 인터뷰에서 "잡스를 입양시킨 것을 후회한다"며 "아들과 커피 한 잔만 나눌 수 있다면 행복하겠다"고 말했다. 하지만 혹시라도 '재산에 관심이 있어 아들을 찾는다' 는 오해를 살까봐 잡스에게 전화는 걸지 않고 안부를 묻는 이메일만 몇 차례 보냈다.

잡스는 친아버지가 보낸 이메일에 거의 답장을 하지 않았다. 잔달리는 〈월스트리트저널〉과 가진 인터뷰에서 "아주 짧기는 했지만 답장을 두 번 받았다"고 말했다. 가장 최근에 받은 답장은 잡스가 사망하기 6주 전에 온 것으로, 내용은 "Thank you(감사합니다)"라는 두 단어가 전부였다. 잡스가 말년에 친아버지에 대한 원망을 접고 자신을 버린 것을 용서한 것이다.

아들아, 네 인생을 멋지게 살아줘서 참 고맙다

스티브 잡스는 세상에 큰 희망을 남기고 떠났다. 그가 만든 첨단 제품보다 더 대단한 것은 갖은 역경에 굴하지 않고 끊임없이 도전하고 새로운 것을 창조하기 위해 힘쓴 그의 불굴의 의지다. 그래서 잡스의 발자취는 우리에게 깊은 울림을 준다.

잡스는 현실에 안주하거나 좌절하지 않았다. 그리고 자신이 좋아하는 일을 극한까지 밀고 나갔다. 주변 사람들에게도 늘 이렇게 강조했다.

"여러분이 사랑하는 일을 찾으세요. 진심을 다해서 그것을 찾아내면 세상 누구보다 그 일을 잘하려고 노력해야 합니다. 그러면 저절로 성과가 나타나고 시간이 갈수록 더 나아질 것입니다."

잡스가 가장 좋아하는 노래는 존 레논의 〈이매진(Imagine)〉이다. 늘 꿈꾸듯 살았던 몽상가인 잡스의 삶, 정신과 가장 흡사해서 일까? 아마 잡스는 노래 가사처럼 천국에서도 늘 꿈꾸는 청년으로 살고 있을 것이다. 먼저 하늘나라로 간 그의 부모 폴과 클라라 잡스 부부도 대견하게 "아들아, 참 잘했다. 네 인생을 멋지게 살아줘서 고맙다"라고 다정하게 어깨를 두드려 줄 것이다.

나를 몽상가라고 하겠지요.

하지만 나만 이런 꿈을 꾸는 게 아니랍니다.

그대도 언젠가 우리와 함께 하길 바라요.

그러면 우리의 세상은 하나가 될 거예요.

You may say I'm a dreamer.

But I'm not the only one.

I hope someday you'll join us

and the world will be one.

— 존 레논의 노래 〈이매진〉에서

세계 최고의 부자에서
세계 최고의 자선 사업가로 변신한 IT 천재

Chapter 03

빌 게이츠

기술은 하나의 도구에 불과합니다.

어린 아이들에게 하고자 하는

의욕을 불어 넣고

협동심을 고취하는 데는

끌어주는 사람의 역할이 가장 중요합니다.

— 빌 게이츠

소프트웨어 황제 빌 게이츠

세상에는 또 한 명의 IT 천재가 있다. 이 책에서 마지막으로 다룰 천재는 마이크로소프트의 창업자 빌 게이츠로 스티브 잡스와는 1955년생 동갑내기다. 첫 스타트는 잡스가 빨랐다. 애플Ⅱ의 엄청난 성공에 힘입어 잡스는 20대에 거부의 반열에 올랐지만, 당시 게이츠는 잡스를 올려다보며 손가락만 빨아야 했다. 하지만 이내 MS-DOS와 윈도가 히트해 게이츠는 세계 최대의 소프트웨어 제국을 건설하게 된다. 잡스는 게이츠에게 열등감을 갖고 그를 넘어서기 위해 부단히 노력했고, 게이츠도 잡

● 청년시절의 게이츠와 잡스

스의 창조적인 직관과 뛰어난 심미안을 항상 부러워했다. 두 사람은 20대 초반부터 서로를 필생의 라이벌로 여기며 앞서거니 뒤서거니 하면서 개인용 컴퓨터 시대를 열어젖혔다.

1980년대와 1990년대는 게이츠의 시대였다. '아이 시리즈'의 히트로 요즘은 스티브 잡스가 훨씬 유명하지만 당시에는 세계 최고의 컴퓨터 천재라고 하면 누구나 빌 게이츠를 떠올렸다. 애플과 매킨토시 컴퓨터를 만든 스티브 잡스는 빌 게이츠보다 한수 아래로 평가됐다. 예전 우리나라 방방곡곡에 생겼던 수많은 컴퓨터 학원도 대부분 게이츠가 만든 소프트웨어를 어떻게 쓰는지 가르치는 곳이었다. 학부모들은 자녀가 '제2의 빌 게이츠'로 성장하길 바라며 너도나도 아이를 컴퓨터 학원에 보냈다.

게이츠는 PC를 작동시키는 핵심 프로그램인 운영체제(OS)를 개발했다. 이 운영체제가 없으면 컴퓨터는 무거운 금속 덩어리일 뿐이다.

컴퓨터 운영체제도 역사가 깊다. 게이츠가 처음에 만든 운영체제는 까만 화면에 일일이 명령어를 직접 입력해서 프로그램을 실행하는 MS-DOS였다. 이 시기에는 전문적인 프로그래밍 언어를 배워야지만 컴퓨터를 사용할 수 있을 정도로 컴퓨터 사용에 대한 벽이 높았다.

그러다 1990년대 이후 화면상의 아이콘(그림)을 마우스로 클릭하

면 프로그램이 실행되는 현재의 그래픽 운영체제(GUI) 윈도 시리즈
를 출시하면서 게이츠는 대성공을 거둔다. 컴퓨터 제조회사는 다 달
라도 컴퓨터의 내부에 들어있는 운영체제는 대부분 게이츠의 윈도
였다. 애플의 매킨토시 등 극히 일부의 컴퓨터만 윈도가 아닌 독자
적인 운영체제를 사용했고, 세계 90퍼센트 이상의 컴퓨터에서 윈도
를 사용했다.

　윈도만이 아니다. 게이츠의 마이크로소프트에서 만든 워드, 엑
셀, 파워포인트 같은 사무용 프로그램도 대히트를
쳤다. 필수 프로그램들을 세트로 묶은 'MS오피
스'는 직장인들이 반드시 익혀야 하는 기본 업무도
구다. 학생이나 주부들도 게이츠가 만든 소프트웨

어 없이는 무슨 일이든 제대로 하기 힘들다. 윈도가 없으면 컴퓨터
가 켜지지 않고 손으로 쓰던 리포트나 가계부는 워드, 엑셀로 대체
됐기 때문이다. 인터넷 검색을 할 때 흔히 쓰는 익스플로러란 프로
그램도 게이츠의 마이크로소프트가 만든 것이다.

　빌 게이츠는 소프트웨어를 당당히 첨단 산업으로 발전시킨 인물
이다. 컴퓨터를 사면 소프트웨어를 끼워주는 것이 상식처럼 통하던
시기에 소프트웨어도 돈을 받고 팔 수 있다는 것을 입증한 사람이
바로 빌 게이츠다.

　수많은 컴퓨터 회사가 나타났다가 사라지는 동안에도 그가 창업

한 마이크로소프트는 세계 최고의 기업으로 20여 년간 명성을 유지해왔다. 게이츠도 회사의 발전과 더불어 막대한 돈을 벌었다. 그는 1995년부터 10여 년간 세계 최고 부자로 명성을 날렸다.

 # 죽기 전에 내가 번 재산의 대부분을
사회에 환원하겠다

　　　　　그가 위대한 인물로 추앙받는 것은 단지 돈을
많이 벌었거나 큰 회사를 만들었기 때문은 아니다. 잡스와 마찬가지
로 그는 사람들의 라이프스타일을 바꿨다. 엔지니어들이나 쓰는 걸
로 알았던 컴퓨터를 집집마다, 사무실마다 들여놓게 한 결정적인 인
물이 바로 게이츠다.

　　잡스보다 더 뛰어난 점도 있다. 게이츠
는 2008년 회사 경영에서 손을 떼고 명예
롭게 은퇴했다. 자신이 창업한 마이크로소
프트에서 스스로 물러난 것이다. 지금은
부인 멜린다 게이츠와 함께 세계 최대의
자선재단인 빌&멜린다 재단을 이끌며 자

● 빌과 부인 멜린다

선활동에 힘쓰고 있다. 그는 "죽기 전에 내가 번 재산의 대부분을 사회에 환원하겠다"고 선언했고, 실제로 그 약속을 지켜가고 있다. 아프리카나 아시아 저개발 국가의 질병 퇴치 연구를 지원하고 컴퓨터를 보내 학습 환경도 개선하고 있다. 미국 공립학교의 교육 환경 개선에도 많은 돈을 지원한다.

획기적인 소프트웨어로 열심히 돈을 벌어 인류를 위한 자선사업을 펼치는 게이츠는 훌륭한 기업가의 표상으로 통한다. 역설적으로 그가 은퇴한 뒤 마이크로소프트는 스마트폰이나 태블릿PC 시대에 잘 적응하지 못해 예전의 기세가 많이 약화된 모습을 보였다. 아직 나이가 많지 않은 게이츠가 흔들리는 마이크로소프트에 복귀해 회사를 되살릴 것이라는 전망도 나오고 있다. 하지만 그는 "내가 마이크로소프트에서 할 일은 끝났다"며 자선활동에 매진할 것이라는 의사를 여러 차례 강조했다.

지인들의 성공담을 듣던 저녁시간

빌 게이츠는 1955년 10월 28일 미국 워싱턴주의 시애틀에서 태어났다. 그의 삶은 대대로 내려온 가문의 전통에서 가장 큰 영향을 받았다. 게이츠의 정식 이름은 윌리엄 헨리 게이츠 3세로 부유한 집안에서 태어나 엘리트 코스를 밟았다. 아버지 윌리엄 헨리 게이츠 2세는 변호사였고 어머니 메리 게이츠는 교사 출신이었다.

아버지 윌리엄은 가구점을 하는 평범한 집안에서 태어났

● 빌 게이츠의 아버지인 윌리엄 헨리 게이츠 2세

다. 장교로 군에 입대했다가 워싱턴 대학을 나와 변호사가 됐다. 집안에서 그가 가장 출세한 인물이었다. 그는 대학시절 장래 아내가될 메리를 만났다. 윌리엄은 키가 크고 운동을 잘했지만 내성적이고수줍음을 많이 탔다. 반면 메리는 운동부 치어리더로 활달한 성격에다 사람 사귀는 것을 좋아했다. 게다가 메리의 아버지, 즉 게이츠의외할아버지는 시애틀에서 은행장을 지낸 재력가였다. 부유한 가정환경이었지만 사치를 멀리 했고, 자녀들에게도 검소한 생활을 가르쳤다. 자선활동을 활발히 펼쳐 지역사회에서 존경받는 가문이었다.딸이 평범한 집안의 윌리엄과 사귄다고 했을 때도 반대하지 않고딸의 결정을 존중했다.

두 사람은 1952년 대학을 졸업하고 주변의 축복 속에 결혼식을올렸다. 이들은 2년 뒤 첫 딸 크리스티를 낳았고, 이듬해 아들 빌 게이츠가 태어났다. 한참 뒤 게이츠보다 아홉 살 어린 막내딸 리비가태어나 부부는 1남 2녀를 키웠다.

이들 부부는 지역에서 존경받는 유명 인사였다. 아버지는 지역변호사 업계에서 탁월한 능력을 발휘해 워싱턴주 변호사협회장을맡을 정도로 성공을 거뒀다. 어머니 메리는 자녀들이 태어나자 교사일을 그만두고 시애틀 지역의 자선활동에 많은 시간을 보냈다. 어머니가 역사박물관에서 방문객에게 유물 해설을 하는 동안 자녀들은맨 앞자리에 앉아서 같이 설명을 들었다.

게이츠에게 가족은 가장 중요한 부분이었다. 바쁜 생활을 보내면서도 게이츠 부부는 자녀 교육에 가장 많은 신경을 썼다. 매주 일요일 저녁시간에는 자녀들과 함께 식사를 하면서 사회문제나 문화, 역사 등에 대해 얘기를 나눴다.

게이츠의 부모는 지인들을 자주 저녁식사에 초대해 자녀와 함께 식사를 했다. 대개 시장, 주 의회 의원 같은 정치가나 저명한 학자, 의사, 고위 공무원, 기업가 등 다양한 분야에서 주목할 만한 성과를 거둔 사람들이었다. 이들은 게이츠에게 자신이 어떻게 자라왔는지, 어려움을 딛고 성공할 수 있었던 비결 등을 들려줬다. 어린 게이츠는 초대 손님들과 이야기를 나누며 성공과 도전정신에 대해 직감적으로 배울 수 있었다.

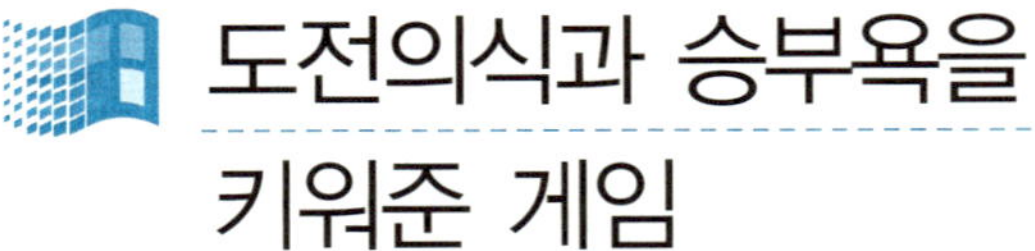

도전의식과 승부욕을
키워준 게임

게이츠는 어려서부터 집중력이 강하고 한 가지 일에 몰두하는 성향이 강했다. 갓난아기 때 자기가 누워 있는 요람을 흔드는 법을 스스로 알아내고는 몇 시간씩 요람을 흔드는 것을 즐기기도 했다. 그 버릇은 자라서도 계속됐다. 다리에 팔꿈치를 올려놓고 계속 팔을 흔드는 것은 게이츠의 트레이드마크다. 무언가를 골똘히 생각할 때 무의식적으로 나타나는 버릇이다.

게이츠는 뭐든지 1등이 되지 않고는 못 배기는 성격이었다. 그림 퍼즐 맞추기가 대표적이다. 게이츠는 누나와 300조각이 넘는 그림 퍼즐을 누가 빨리 맞추는지 게임을 종종 벌였다. 누나는 보통 아이들처럼 퍼즐의 귀퉁이부터 모양을 맞춰나가는 방식을 사용했다. 네 귀를 맞추고 그 옆의 변을 맞는 모양으로 연결한 다음 중앙으로 점점 확장해가는 방법이었다.

하지만 게이츠는 그렇게 하지 않았다. 누나가 네 변을 모두 맞추는 동안 그는 한쪽 모서리조차 맞추지 못했다. 대신 그는 각 퍼즐 조각을 뚫어져라 쳐다보면서 그림 모양을 외우고 있었다. 드디어 게이츠가 퍼즐을 맞추기 시작했다. 그는 모서리나 변이 아니라 각 퍼즐이 들어갈 위치 부근에 척척 놓기 시작했다. 전체적인 그림을 머릿속에 그려놓은 다음 거기에 맞는 퍼즐 조각을 배치하는 방법을 쓴 것이다. 300조각의 그림을 모두 구별하고 어느 자리에 들어갈지 정확히 이해해야만 쓸 수 있는 방법이었다. 출발은 늦었지만 일단 가속도가 붙자 무서운 기세로 퍼즐을 맞춰 나갔다. 결국 최종 승자는 대부분 게이츠의 몫이었다.

"눈앞의 것만 보면 큰 그림을 놓칠 수 있어요. 시작이 늦은 것처럼 보여도 전체적인 계획을 잘 짜서 진행하면 얼마든지 선두를 따라잡을 수 있죠."

이처럼 게이츠는 무엇을 하든 간에 자신이 흥미를 느끼는 것이면 반드시 1등을 차지하려고 몰두했다. 테니스, 수영, 핀볼 게임 등도 대표적인 종목이었다. 그는 게임을 통해 자연스럽게 도전의식과 승부욕을 키워나갔다. 그리고 전략적인 사고를 통해 문제를 파악하고 해결책을 찾는 것이 그의 특기였다.

한 번은 근처 유원지에 놀러갔다가 미니 자동차끼리 부딪치는 놀이인 범퍼카를 탄 적이 있다. 운전대를 겨우 잡을 정도로 몸집이 작았던 그는 몇 시간 동안이나 범퍼카에서 내릴 생각을 하지 않았다. 자기보다 훨씬 나이가 많은 형들과 범퍼카를 치고받는 것을 즐겼다. 그러면서 범퍼카의 작동원리를 몸으로 이해하고 어느 정도 속도에서 방향을 꺾고 어떤 각도로 상대에게 부딪혀야 큰 충격을 줄 수 있는지 파악했다.

그는 단순히 긴장을 풀기 위해 게임을 즐기는 것이 아니라 자신의 정신과 육체를 한없이 극한으로 몰고 가서 기어이 승부를 보고 마는 성격이었다. 게이츠는 스피드광이었다. 마이크로소프트를 경영하던 시절에도 그는 여러 대의 스포츠카를 소유했다. 일이 잘 안 풀릴 때면 새벽에 차를 끌고 나와 한적한 도로를 질주하면서 스트레스를 풀었다. 다행이 어린 시절 범퍼카를 몰 때처럼 사방에 부딪혀 사고를 내는 것은 아니었다. 단지 그때처럼 치열한 승부욕을 되살리는 수단으로 스포츠카를 몰고 질주한 것이다.

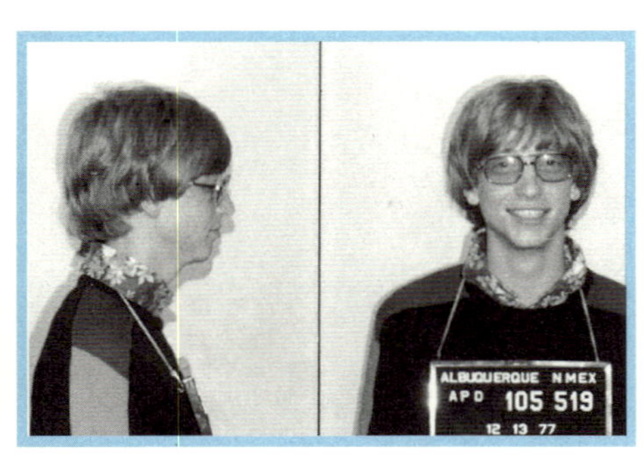

● 교통법규 위반으로 경찰에 잡혔을 때의 사진.
20대의 빌 게이츠는 말썽꾸러기였다

철두철미한 성격의 어머니

게이츠는 아버지와 어머니의 성격을 반반씩 닮았다. 내성적이고 사교성이 약한 측면은 아버지의 영향이고, 승부욕이 강하고 어려운 일에 적극적으로 도전하는 것은 어머니를 닮았다.

어머니 메리 게이츠는 강한 의지와 예리한 통찰력을 지닌 여성이었고, 은행가 집안에서 자라 사업 수완도 뛰어났다. 가족들 사이에서 중요한 사안이 생기면 결정을 하는 것은 언제나 메리의 몫이었다. 사람들 앞에 나서기를 수줍어하는 내성적인 성격의 남편 윌리엄에게 부족한 부분을 부인 메리가 훌륭히 메워줬다.

활달한 성격의 메리는 종종 시애틀 지역의 변호사, 정치인, 공직자, 문화계 인사들을 초대해 파티를 열었다. 시애틀 부유층과 실력자들은 대부분 게이츠 집의 파티에 초대를 받았다. 교사 출신이었던 메리는 세 자녀를 키우는 일에 집중하기 위해 교직에 복귀하지 않고 자녀 교육에 헌신했다.

어머니 메리는 게이츠가 1주일간 입을 옷의 종류와 색깔을 미리 정해놓을 정도로 철두철미한 성격의 소유자였다. 셔츠, 바지, 양말 색깔도 맞춰서 계획표를 붙여놓았다. 매일매일 어떤 음식을 먹을지 식단을 짜서 냉장고에 붙여놓는 것은 기본이었다. 집 안팎도 늘 단정하게 정돈했다. 정해진 시간에 식사를 하는 등 모든 것을 짜놓은 계획표대로 움직여야 안심이 되는 스타일이었다.

하지만 게이츠는 어머니의 정리정돈 습관은 전혀 물려받지 못했다. 그의 방은 항상 옷가지와 책이 바닥에 널려 있어 어지러웠다. 어머니는 게이츠의 방을 치우다 지쳐서 나중에는 손님들이 보지 못하게 아예 그의 방문을 항상 닫아놓을 정도였다. 그래도 게이츠는 차분하게 계획을 세우고, 공부할 때나 놀 때 시간을 낭비하지 않는 습관을 익힐 수 있었다.

독서를 권해주신 외할머니

부모님이 집을 비울 때면 게이츠는 외할머니와 많은 시간을 보냈다. 외할머니는 게이츠에게 많은 책을 읽도록 권했고, 머리를 써서 남보다 앞서려고 노력해야 한다고 가르쳤다. 두 사람은 종종 머리를 쓰는 카드게임을 즐겼다.

"빌, 카드게임을 할 때는 항상 다른 사람의 패를 주시해야 한다. 자기 패만 들여다보다가는 전체 게임이 어떻게 흘러가는지 놓칠 수가 있단다."

"알아요. 할머니는 지금 에이스 카드 한 장을 들고 계시죠. 저는 에이스 세 장을 갖고 있으니 제가 이겼어요."

"호호, 장하다 빌. 이제는 할머니가 너를 당할 수가 없구나."

게이츠는 할머니의 권유가 아니라도 책 읽는 것을 좋아했다. 하루 종일 밖에 나가지 않고 집에 꼼짝 않고 앉아서 책을 붙들고 있는 적도 많았다. 집 안에 있는 책을 모조리 다 읽어버릴 기세였다.

일곱 살 때 그는 수백 페이지짜리『세계대백과사전』을 통째로 암기해 부모를 놀라게 했다. 백과사전 안에 담긴 내용은 다른 아이들이라면 따분하게 여길 내용이었지만, 게이츠는 백과사전 속에 세상의 모든 비밀이 담겨 있다고 생각하며 즐겁게 읽었다. 물론 1페이지부터 단어 하나 놓치지 않고 그대로 외운 건 아니고, 각 항목이 무엇을 뜻하는지 모두 파악한 것이었다.

예를 들어 "브라키오사우루스가 뭐지" 하고 물으면 "아프리카와 북아메리카 서부에서 서식한 초식성 공룡. 쥐라기 후기에서 백악기 초기에 존재했을 것으로 추정됨. 목이 길고 몸이 거대해서 몸길이는 약 25m, 몸무게는 약 50톤에 달해요"라고 술술 답하는 것이다.

영화 〈레인맨〉에는 더스틴 호프먼이 전화번호부를 처음부터 끝까지 암기하는 장면이 나온다. 하지만 이런 단순한 기억력은 신기하기는 해도 별 의미가 없다. 내용을 파악하지 못한 채 기계적으로 외우기만 했기 때문이다. 게이츠는 이와 달랐다. 무엇이 중요하고 어떤 의미가 있는지 속속들이 이해하고 내용을 외운 것이다.

게이츠의 탁월한 기억력을 보여주는 일화는 또 있다. 게이츠 집안은 독실한 기독교 신자였다. 게이츠는 부모를 따라 교회에 가서 성경책을 몇 번 훑어보기는 했지만 그리 열성적이지는 않았다. 그가 열한 살 되던 때 교회 목사님이 청소년부 아이들에게 도전과제를 줬다. 흔히 '산상수훈'이라고 불리는 마태복음 5~7장을 완벽하게 암기하는 학생이 한 명이라도 있으면 모두 시애틀의 명소인 스페이스니들 타워에 데려가 저녁을 사주겠다는 약속을 한 것이다.

산상수훈은 예수가 선교활동 초기에 갈릴리의 작은 산 위에서 제자들과 군중에게 행한 설교다. 기독교 신자들에게 가장 중요한 기도인 '주기도문'도 이 산상수훈에서 연유한다. 산상수훈은 문장이 길고 복잡해 외우기 어려운 것으로 정평이 나있다. 30여 명의 학생들이 도전했지만 한 명도 완벽하게 외우지 못했다. 그것이 오히려 게이츠의 도전정신을 자극했다. 비쩍 마르고 눈이 나빠 두꺼운 안경을 쓴 게이츠가 마지막으로 나섰다.

"목사님, 제가 한번 해볼게요."

"오, 그래. 어디 한번 들어보자꾸나."

"예수께서 말씀하시길, 마음이 가난한 사람은 행복하다. 하늘나라가 그들의 것이다. 슬퍼하는 사람은 행복하다. 그들은 위로를 받을 것이다. 온유한 사람은 행복하다. 그들은 땅을 차지할 것이다. 옳은 일에 주리고 목마른 사람은 행복하다. 그들은 만족할 것이다. 자비를 베푸는 사람은 행복하다. 그들은 자비를 입을 것이다. 마음이 깨끗한 사람은 행복하다. 그들은 하느님을 뵙게 될 것이다. 평화를 위하여 일하는 사람은 행복하다. 그들은 하느님의 아들이 될 것이다. 옳은 일을 하다가 박해를 받는 사람은 행복하다. 하늘나라가 그들의 것이다……."

게이츠는 처음부터 한 줄도 빼놓지 않고 성경을 줄줄 암송했다. 목사님은 물론이고 다른 친구들까지 깜짝 놀랐다. 단순히 성경 구절만 달달 외운 것인지 목사님이 몇 가지 질문을 해봤는데, 게이츠는 척척 답했다. 각 문장이 무엇을 의미하는지 정확히 파악하고 있었던 것이다.

이 에피소드는 게이츠가 뭐든지 척척 기억할 정도로 날 때부터 머리가 좋았다는 걸 보여주는 게 아니다. 인생이 그렇게 태어날 때 행로가 다 정해져 있다면 중간 과정은 아무 의미가 없을 것이다. 과학자나 교육 전문가들은 사람마다 유전적 특징이 어느 정도 있지만 그보다 더 중요한 건 타고난 두뇌를 어떻게 활용하느냐에 달려 있다고 이구동성으로 말한다. 평범한 사람도 뭐든지 집중해서 파고들면 대단한 성과를 이룰 수 있다. 이 과정에서 중요한 것이 자신의 노력과 더불어 가정이나 학교에서 올바른 지도와 교육을 받는 것이다.

그런 면에서 보면 게이츠는 분명 좋은 교육환경에서 자랐다. 백과사전과 성경을 독파한 게이츠는 나폴레옹 전기를 비롯한 다른 책도 열심히 읽었다. 게이츠는 흥미진진한 모험과 기발한 상상력을 담은 책을 좋아했다.

어릴 때 아프리카 동물들과 자라 원숭이와 코끼리 등 동물을 자유자재로 부리는 『타잔』, 어느 날 갑자기 동물과 의사소통하는 능력을 갖게 된 괴짜 의사 『닥터 두리틀』, 시를 짓고 몽상에 빠지는 괴짜 돼지 『돼지 프레디』, 기상천외한 발명품을 만들어내는 발명가 『톰 스위프트』 같은 책이 그의 독서목록에 있었다. 또래 아이들이 좋아하던 과학소설 외에도 『전염병의 근절』, 『모기』, 『말라리아와 사람』 등 질병에 관련된 책에도 관심이 많았다. 모험과 환상의 세계를 다룬 소설을 읽으며 그는 세상을 바꿀 원대한 포부와 창업의 꿈을 키울 수 있었다.

게이츠의 아버지는 공부하라는 얘기를 하는 대신 책을 많이 읽도록 유도했다. 아들에게 책 읽는 습관을 길러주기 위해 종종 지역 도서관에 데려갔다. 다양한 책에 지적 호기심을 느낀 게이츠는 언제나 도서 대여한도에 달하는 양을 꽉 채워서 많은 책을 빌리곤 했다.

그가 책을 많이 읽게 된 이유 중 하나는 학교에서 벌이는 '읽기시합'에서 반드시 1등을 하겠다는 욕구도 있었다. 학교에서 여름방학 때 권장도서 목록을 나눠주고 개학하면 누가 제일 많이 읽었는지 평가를 하는데 빌 게이츠가 거의 1등을 차지했다. 다른 학생들이 "선생님, 저는 100권을 읽었어요"라고 말하면 게이츠는 빙긋이 미소를 지었다.

"저는 115권이요."

"난 130권이야."

너도 나도 자랑할 때 마지막에 게이츠가 나섰다.

"저는 300권 읽었어요."

다른 친구들보다 압도적으로 많은 분량이었다. 무슨 뜻인지 모르고 페이지만 넘긴 게 아닌지 의심이 들어 선생님이 내용을 물어보았지만 게이츠는 그 많은 책의 내용을 정확히 이해하고 있었다. 이처럼 강한 승부욕이 그를 끊임없이 발전시켜 나갔다. 한편으로는 너무 잘난 척을 해서 주변의 친구들은 그를 시기하고 질투하기도 했다. 그래도 게이츠는 자신의 끼를 주체할 수 없었다.

명문가 가족들과 매년 떠난 치리오 탐험

윌리엄과 메리 게이츠는 자녀들을 데리고 종종 시애틀 근교로 캠핑이나 하이킹을 떠나 가족애를 다졌다. 대표적인 것은 시애틀 외곽 치리오(정식 지명은 후드 커널)에서 가진 여름 캠프였다. 게이츠가 네 살 되던 해부터 가족들은 매년 7월이면 자동차에 짐을 싣고 2주간의 '치리오 탐험'을 떠났다. 친지와 지인 등 열 가족 정도가 치리오 탐험에 동참했다. 대부분 변호사, 기업가, 정치인 등 지역의 유력 인사들이었다. 이들은 해변 가까이에 있는 오두막집 10여 채를 빌려 머물면서 각종 게임을 즐겼다.

짐을 풀고 간단한 식사를 마치고 나면 '삐~익' 하고 호각이 울렸다.

"자, 다 모이세요. 이제부터 모두가 기다려온 '치리오 올림픽'이 시작됩니다.”

　아버지 윌리엄이 만든 치리오 올림픽이란 가족끼리 혹은 친구들 끼리 팀을 짜서 2인3각 경주, 이어달리기, 예쁜 돌 줍기 등 프로그램을 포함해 미니 올림픽처럼 승부를 겨루는 것이다. 수영, 테니스, 수상스키 같은 격렬한 운동도 포함됐다. 이 게임은 시애틀 명문가의 엘리트 자녀들 사이에 친목과 유대감을 다지는 동시에 서로 간에 경쟁심도 자극했다. 리본으로 장식한 올림픽 시상대를 흉내 낸 단상도 만들고 시상식도 진행했다. 게이츠는 여기서도 항상 1등을 차지하기 위해 최선을 다했다.

　게이츠가 특히 잘한 분야는 깃발 뺏기란 게임이었다. 자기 팀의 깃발을 지키면서 상대편의 깃발을 먼저 뺏는 팀이 이기는 경기로, 민첩한 움직임과 전략적인 판단이 중요한 경기였다. 게이츠는 이 게임에서 항상 팀을 지휘하는 전략가 역할을 맡았다. 다른 친구들은 게이츠의 지시를 따라 일사불란하게 움직였고, 게이츠는 늘 경기를 승리로 이끌었다. 팀 리더의 역할을 수행하는 법을 어려서부터 배운 것이다.

　테니스 경기도 게이츠의 흥미를 끌었다. 하지만 그는 테니스가 서툴렀다. 체구가 깡마른데다 허약해 건장한 또래 아이들을 이기기가 힘들었다. 친구와의 경기에서 져 속이 상한 그는 씩씩거리며 아버지에게 조언을 구했다.

"아빠, 테니스를 잘 치려면 어떻게 해야 해요?"

윌리엄은 아들을 차분히 바라보았다. 신체적 불리함을 어떻게든 극복하려는 의지가 가상했다. 아버지는 천천히 말했다.

"테니스는 말이다, 라켓을 힘껏 휘두르는 것도 중요하지만 상대방이 받을 수 없는 곳으로 공을 보내는 게 더 중요해. 그렇게 하려면 손과 팔의 잔 근육을 능숙하게 사용하는 것이 핵심 포인트지."

게이츠는 대단한 진리를 깨달은 것처럼 고개를 끄덕였다.

"아, 그렇군요. 당장 손 운동을 할래요."

게이츠는 그날 이후 손 운동에 매달렸다. 따로 운동 시간을 내서 아령과 악력 운동을 하기도 했고, 평상시에도 늘 연필을 쥐고 다니며 손 근육을 발달시켰다. 왼손잡이인 그는 연필을 흔들며 손목을 움직였다. 여기저기 낙서하면서 메모하는 습관도 들여서 일석이조 효과를 거뒀다. 손목과 팔을 단련한 효과는 금방 나타났다.

어느 해 치리오 올림픽에서 게이츠는 또래 중에서 제일 테니스를 잘 치는 친구와 결승에서 맞붙었다. 좀처럼 이겨보지 못한 상대였다. 게이츠는 마음속으로 다짐했다.

'그래, 나는 저 친구보다 체구도 작고 힘도 약하지. 힘 대 힘으로 부딪히면 이기기 힘들어. 상대의 힘을 역이용 하자. 집중, 또 집중하는 거야.'

그는 빠른 발을 이용해 상대방의 강서브를 재빨리 받아냈다. 상대가 강하게 라켓을 휘두르면 게이츠는 공이 날아오는 방향으로 라켓을 갖다 대서 방향만 슬쩍 바꿨다. 그동안 연습한 효과가 나타났다. 게이츠가 툭 친 공은 테니스 코트의 구석구석을 찔렀다. 조그마한 게이츠에게 점수를 빼앗긴 상대는 점점 흥분했고, 그럴수록 경기는 게이츠가 의도하는 방향으로 흘러갔다. 마침내 제풀에 지친 상대는 코트에서 발을 떼기도 힘들 정도로 지쳐 쓰러졌다. 반면 게이츠는 가지런한 호흡을 유지하면서 안정된 자세였다. 게이츠의 승리였다.

"아빠, 보셨죠. 제가 1등이에요. 가르쳐주신 대로 했더니 효과 만점인데요. 기분 정말 좋아요."

아버지 윌리엄은 우쭐대는 아들에게 또 다른 조언을 했다.

"경기에서 이기고 지는 것은 중요한 게 아니야. 네 기분 좋다고 마냥 좋아해서는 안 된단다. 너에게 진 친구의 마음도 헤아려 봐야지. 승리가 무조건 제일은 아니야. 이기려고 하는 마음, 그리고 이기기 위해 노력하는 과정이 더 중요한 것이지."

어린 게이츠는 아버지의 말을 알 것도 같고 모를 것도 같았다. 어쨌거나 열심히 연습해서 상대를 꺾었을 때의 기분은 하늘을 날 것처럼 좋았다. 이런 자세는 훗날 사업을 할 때도 그대로 이어진다.

그날 이후 게이츠는 또래 중에서 테니스를 제일 잘하게 됐다. 그는 테니스의 원리를 모두 이해한 것처럼 보였다. 테니스 연습 도중에 팔꿈치를 흔드는 습관도 더해졌다. 게이츠와 회의를 하는 사람들은 산만하고 어수선한 느낌을 받는다. 하지만 그에게는 이때가 가장 집중력이 강한 시점이다.

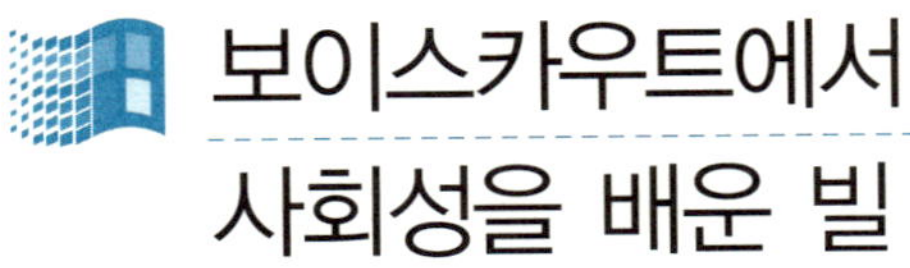

보이스카우트에서
사회성을 배운 빌

게이츠는 매사에 경쟁심이 강했다. 학교에서 하는 악기 연주나 과제 작성도 하루 종일 매달려 자신이 만족하는 성과가 나올 때가 돼야 그만뒀다. 초등학교 4학년 때 인체 부위에 대해 보고서를 써오라는 숙제가 있었다. 다른 학생들은 대개 4~5페이지 정도를 썼는데 게이츠는 무려 30페이지가 넘는 보고서를 냈다.

"선생님, 여기 과제 다 했어요."

과제물을 받아든 선생님은 깜짝 놀랐다.

"아니, 빌. 너는 왜 이렇게 보고서가 두껍니?"

게이츠가 자랑스럽게 으스대며 말했다.

"머리에서 발끝까지, 인체 내부 장기까지 샅샅이 조사했어요. 이 정도면 충분하죠?"

　게이츠의 보고서를 본 담당교사는 혀를 내둘렀다. 그것은 고교생이 작성한 것보다 훌륭했다. 요즘에는 인터넷에서 자료를 검색해 프린트 버튼만 누르면 쉽게 숙제를 할 수 있지만 당시에는 30페이지 분량의 보고서를 쓰려면 며칠씩 백과사전을 뒤져서 자료를 찾은 다음 일일이 손으로 옮겨 써야 하는 고된 일이었다. 게이츠는 자신이 호기심을 가진 분야에서는 전혀 귀찮아하지 않고 끝까지 매달리는 성격이었다.

　게이츠는 초등학교 시절 친구들과는 잘 어울리지 못했다. 암기력과 사고력이 뛰어났지만 간혹 다른 친구들을 무시하고 잘난 척하는 면이 있었다. 아버지는 게이츠의 사회성을 길러주기 위해 보이스카우트 활동을 시켰다. 주말과 방학 때는 숲에서 하이킹과 야영을 하며 친구들과 부대끼게 한 것이다.

　게이츠는 보이스카우트에서 동료들과 어울리는 법을 배웠다. 지도를 보고 길을 찾아가면서 전략적 판단력을 가다듬었다. 산 속에서 대자연을 벗 삼아 야영을 하면서 끈기와 참을성도 익혔다.

　게이츠는 여름방학 때 1주일간 90킬로미터 하이킹을 한 적이 있었다. 그때 게이츠는 새 신발을 신고 왔다. 첫날 10여 킬로미터를 걷자 바로 발뒤꿈치가 까지고 발바닥에 물집이 잡혔다. 신발에 길이 안 든 상태여서 접히는 부분이 발에 닿아 상처가 생긴 것이다. 인솔대장이 그를 만류했다.

"빌, 안 되겠다. 더 이상 걷는 건 무리야. 자칫하다간 크게 아플 수도 있어."

게이츠는 아랑곳하지 않았다.

"아니에요, 선생님. 약 바르면 돼요. 친구들이 다 씩씩하게 가는데 대열에서 저 혼자 낙오하긴 싫어요."

게이츠는 다리를 절뚝거리면서도 행군을 멈추지 않았다. 발에 약을 바르고 진통제를 먹으면서도 다른 친구들과 기어이 같이 가겠다고 고집을 부렸다. 4일째가 되서 인솔대장의 연락을 받은 어머니가 찾아왔다. 어머니 메리는 게이츠의 신발을 벗겼다. 발뒤꿈치와 발바닥에 물집이 잡혔다가 터지고 다시 굳어서 엉망이었다. 붉은 피딱지도 보였다. 초등학생이 이런 상태로 수십 킬로미터를 걸어왔다니 믿기 힘든 일이었다.

"얘야, 안 되겠다. 이제 그만 돌아가자."

어머니가 말렸는데도 게이츠는 고집을 꺾지 않았다.

"싫어요. 여기까지 왔는데 끝까지 갈래요."

어린아이치고는 대단한 인내심과 집념이었다. 어머니 메리는 아들을 설득했다.

"빌, 잘 들어라. 네가 끝까지 고집을 피우면 하이킹을 완주할 수는 있을 거야. 하지만 너 때문에 전체 대열이 늦어지고 있다는 건 알고 있니? 네 목적만 달성하기 위해 다른 사람에게 폐를 끼치는 건 좋지 못한 태도란다.”

게이츠는 주변을 돌아봤다. 친구들은 그가 대단하다고 추켜세우면서도 하이킹에 짐이 되는 그를 어려워했다. 인솔대장 외에는 아무도 직접 나서서 그만두라는 말을 하지 않았기 때문에 그가 상황을 제대로 판단하지 못한 것이다. 게이츠는 그제야 하이킹을 중단했다. 친구들에게도 짐이 된 점을 사과했다.

“미안해. 나 혼자 욕심내다가 너희들을 힘들게 했구나. 나는 이제 돌아갈게. 나 대신 하이킹을 끝까지 잘 마쳐줘.”

친구들은 어머니가 운전하는 자동차를 타고 병원으로 가는 게이츠에게 박수를 보냈다. 게이츠는 차 안에서 생각했다.

‘그래, 다음에는 절대 이런 일이 없을 거야. 그때는 반드시 발에 익숙한 신발을 신고 올 테니까 말이야.’

힘든 일을 겪으면서도 게이츠는 자신의 잘못이 무엇인지를 곰곰이 생각했다. 다음번에는 똑같은 실수를 반복하지 않겠다는 스스로의 다짐이었다.

 ## 마이크로소프트 창업의 토대가 된 명문학교 진학

1967년 게이츠가 중학교에 진학할 때가 되자 그의 부모는 중요한 결정을 내린다. 게이츠는 집 근처에 있는 공립 초등학교를 다녔는데, 중학교부터는 시애틀 최고의 명문 사립학교인 '레이크사이드 스쿨'에 보내기로 했다. 부모는 초등학교 시절 게이츠가 수학 등 여러 과목에서 두각을 나타내긴 했어도 더 뛰어난 학생들과 경쟁을 하면서 실력을 키우는 것이 좋겠다고 판단했다. 우물 안 개구리를 벗어나 더 큰물에서 놀아보라는 것이었다.

레이크사이드 스쿨은 중학교와 고등학교 과정을 함께 배우는 학교로, 명문대 진학률이 높은 것으로 유명했다. 입학 자

● 빌 게이츠의 학생시절

체도 힘들고 학비도 매우 비쌌다. 시애틀의 명문가 출신 중에서도 공부를 잘 하는 엘리트들만 들어갈 수 있었다. 엄격한 학습 환경 속에서 학생들은 공부에만 매진해야 했다. 한 학년이 300명 정도여서 교사들이 각 학생들의 장단점을 꿰뚫고 개별 지도를 할 수 있었다.

● 빌 게이츠와 폴 앨런

게이츠는 이 학교에서 훗날 세계 최고의 소프트웨어 회사를 창업할 토대를 마련했다. 우수한 학생들과 경쟁하면서 게이츠는 창의력, 집중력, 통찰력 등을 집중적으로 키워나갔다. 학교 선후배들도 나중에 사업을 할 때 든든한 배경이 됐다. 특히 마이크로소프트 공동창업자인 폴 앨런을 만난 것이 결정적이었다. 폴 앨런은 게이츠의 2년 선배로, 그와 말이 잘 통하는 IT 천재였다. 두 사람은 서로의 실력을 단박에 알아보고는 든든한 동지애를 느꼈다.

게이츠가 레이크사이드 스쿨에 입학할 무렵 이 학교도 중대한 결정을 내렸다. 학부모회는 1967년 회의를 열어 학교에 컴퓨터 단말기를 기증하기로 결정했다. 그 덕분에 다른 아이들은 컴퓨터를 본 적도 없었을 시기에 게이츠는 학교 컴퓨터실에서 밤늦도록 컴퓨터를 만지며 놀 수 있었다.

게이츠의 어머니는 교사 출신이어서 학교 학부모회에서도 열심히 활동했다. 학교에 컴퓨터실을 마련하는 데 주도적인 역할을 했

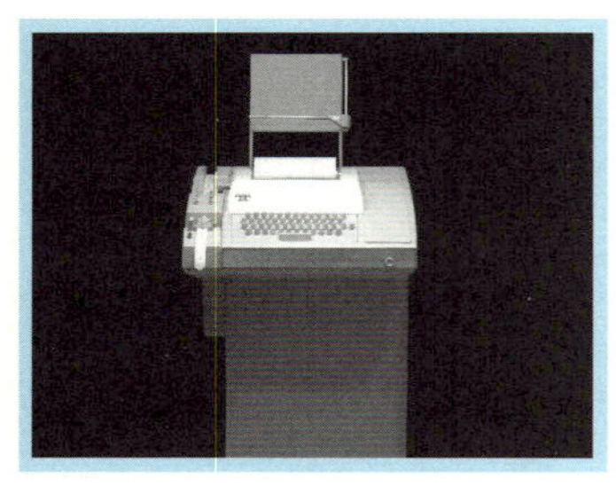

고, 거액을 기부하기도 했다. 당시 컴퓨터가 있는 학교는 미국에서도 몇 안 되던 시절이었다.

당시의 컴퓨터는 지금과 많이 달랐다. 크기가 방 한 개를 차지할 정도로 컸고, 가격도 한 대에 수억 원을 호가할 정도로 매우 비쌌다. 레이크사이드 스쿨이 아무리 부유한 가정의 자녀들이 다닌다고 해도 컴퓨터를 사기는 어려웠다.

● 빌 게이츠와 친구들이 사용한 모델인 GE의 텔레타이프라이터 단말기 ASR-33

그래서 나온 것이 컴퓨터에 연결해서 사용하는 장치인 단말기였다. 진짜 컴퓨터는 컴퓨터 회사가 보유하고 여러 사람이 단말기(터미널)와 전화선으로 이 컴퓨터에 연결해 공동으로 사용하는 방식이었다. 필요한 작업을 입력하면 그 명령이 전화선이나 전용 통신선을 타고 멀리 떨어져 있는 컴퓨터에 보내진다. 요청작업을 마친 컴퓨터는 다시 전화선으로 데이터를 전송해 단말기에 그 결과를 보여준다.

인터넷에 접속해 다양한 서비스를 즐기는 요즘의 방식과 유사하다. 컴퓨터 자체에 프로그램이나 서비스가 들어 있는 것이 아니라 통신망을 통해 필요한 사이트에 접속해 정보를 주고받는 것이다. 현재의 컴퓨터는 인터넷 없이도 문서작성이나 표 계산 같은 여러 작업을 할 수 있지만 당시의 단말기는 단순한 접속장치에 불과했다. 멀리 있는 컴퓨터에 연결되지 않으면 아무 쓸모가 없는 고철 덩어리였다.

빌 게이츠,
가슴 뛰는 물건과 만나다

게이츠는 학교 전산실에 들어온 컴퓨터 단말기를 보고는 단박에 빠져들었다. 사람의 머리로는 도저히 해결하기 어려운 복잡한 계산을 척척 처리하고 방대한 암기능력은 자신을 훨씬 능가했다.

"컴퓨터가 사람보다 훨씬 뛰어난 역할을 한다는 게 정말 신기하지 않니? 우리가 어떤 명령을 내리느냐에 따라 천재가 되기도 하고, 아무 쓸모없는 쇳덩이가 되기도 하고 말이야."

게이츠는 자신처럼 컴퓨터에 호

● 컴퓨터에 대한 흥미로 불탔던 친구들

기심을 가진 친구들과 컴퓨터클럽을 조직했다. 물론 폴 앨런도 함께였다. 레이크사이드 컴퓨터클럽의 학생들은 수학과 과학 실력이 뛰어났고, 뛰어난 문제해결 능력을 보였다. 이들은 컴퓨터가 가진 능력을 최대한 이끌어내기 위해 밤낮없이 컴퓨터실에 매달려 살았다. 밤새 식은 피자와 콜라를 마시며 컴퓨터 프로그램을 작성하다가 책상에 엎드려 잠이 드는 적도 많았다.

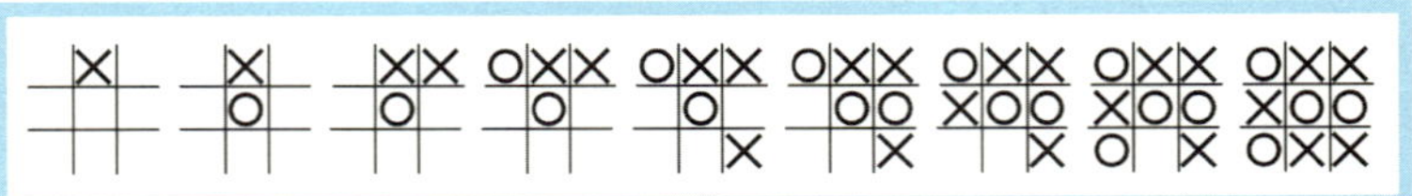

● 틱택토 게임의 방법

게이츠가 제일 먼저 만든 프로그램은 오목과 비슷한 틱택토 게임이었다. 두 사람이 동그라미와 가위표 말을 번갈아 놓으면서 같은 모양이 먼저 세 개가 연결되면 이기는 게임이다. 이어 우주선 착륙게임과 모노폴리 같은 게임도 만들었다. 게이츠는 게임을 하는 것도 좋아했지만, 자신이 만든 게임을 다른 친구들이 즐기는 것을 지켜보면서 더 큰 만족감을 느꼈다.

문제는 컴퓨터 사용료가 만만치 않았다는 점이다. 당시 컴퓨터에 한 시간 동안 접속해 사용하는 요금은 8달러였다. 자동차 한대에 2,000달러면 구입이 가능하던 시절이었으니 무척 비싼 요금이었다. 학부모회는 자선바자회를 열어 3,000달러의 기금을 모았지만 그걸

로는 턱없이 부족했다. 게이츠처럼 컴퓨터에 호기심을 가진 학생들이 밤낮없이 사용하려고 했기 때문이다.

게이츠는 더 이상 학부모회의 지원에 의존하지 않고 자체적인 해결책을 마련했다. 친구들과 함께 C큐브드(C³, Computer Center Corporation)란 회사에서 새 프로그램을 검사하는 아르바이트를 맡은 것이다. 여기서는 그렇게 좋아하는 컴퓨터를 마음껏 만질 수 있었다. 게이츠나 앨런과 같은 컴퓨터광에게는 천국 같은 환경이었다.

게이츠와 친구들은 학교를 마친 뒤 30분 정도 떨어진 회사에 가서 일을 하고 밤늦게 집에 돌아왔다. 일을 마치고 나면 대개 자정이 지나있기 일쑤였다. 학부모 중에서 간혹 차를 태워주는 적도 있었지만, 게이츠는 주로 걸어서 집에 왔다. 컴컴한 밤길을 걸어오는 게 무서울 법도 했는데 컴퓨터에 빠진 학생들은 아무런 두려움이 없었다. 오직 컴퓨터를 만질 수 있다는 게 무엇보다 즐거운 시간이었다.

컴퓨터 프로그래밍 실력도 부쩍 늘었다. 게이츠와 친구들이 맡은 작업은 컴퓨터 프로그램의 오류, 즉 버그(bug)를 잡아내는 일이었다. 버그라는 용어는 컴퓨터 개발 초창기에 작동 오류가 발생해서 컴퓨터 내부를 살펴봤더니 나방이 끼어서 죽어 있는 것이 원인이었다는 일화에서 비롯됐다. 이때부터 컴퓨터 관련 오류를 버그라고 불렀고, 오류를 고치는 작업은 디버그(debug, 벌레를 잡아낸다)라고 지칭했다.

아르바이트를 마칠 때쯤 게이츠와 앨런은 300페이지짜리 버그 검사 책을 만들어 회사에 제출했다. 이 책은 성인 엔지니어들이 보고 작업에 참조할 정도로 수준이 높았다.

게이츠는 자신이 맡은 일만 하지 않고 컴퓨터 자체의 원리를 파악하려고 애썼다. 이 회사에서 학생들에게 정식으로 컴퓨터를 가르쳐주지는 않았기에 게이츠는 쓰레기통을 뒤지기도 했다. 엔지니어들이 아무렇게나 쓰고 버린 메모들을 찾아서 공부한 것이다.

수학은 천재, 다른 과목은 평범

게이츠는 학교 수업에서 수학을 특히 좋아했다. 수학 실력은 항상 학교 전체에서 1등이었다. 정해진 원리에 따라 식을 세우고 답을 도출하는 수학은 컴퓨터 프로그램을 작성하는 것과 비슷했다. 게이츠는 학교 교과과정을 훨씬 뛰어넘는 실력을 인정받아 워싱턴 대학에서 수학과목을 청강하는 기회를 얻기도 했다. 나중에 미국 대학수학능력시험(SAT)에서 게이츠는 수학 부문 만점인 800점을 받았다. 당시 레이크사이드 스쿨의 수학교사는 "교직 생활 동안 게이츠만큼 수학실력이 뛰어난 학생은 만나본 적이 없다"고 회고했다.

게이츠는 다른 과목에는 별로 흥미를 보이지 않았다. 역사와 작문 과제는 항상 제출마감일을 넘겼고, 제출하지 않는 적도 있었다.

과학실험 준비도 뒷전이었다.

게이츠는 오로지 컴퓨터에만 관심을 쏟았다. 교우관계도 순탄하지 않았다. 그는 컴퓨터클럽 친구 외에는 다른 친구를 거의 사귀지 못했다. 컴퓨터가 뭔지 모르는 친구와는 말도 하지 않을 정도로 우쭐한 자만심에 차 있었다.

게이츠와 컴퓨터클럽 친구들은 컴퓨터에 접속해 체스 게임을 하다가 접속을 종료하지 않은 채 수업을 들으러 가곤 했다. 이때도 사용료가 계속 올라가는 바람에 학교에서 요금을 감당하지 못할 지경이 됐다. 학교에서 컴퓨터 사용료 한도를 정하고 사용시간을 제한하자 게이츠는 머리를 굴렸다. '요금부과 시스템을 고쳐서 우리 학교에는 요금이 최소로 나오게 하면 되겠다' 는 것이었다. 그는 컴퓨터 회사의 요금부과 시스템을 해킹해 사용료를 대폭 낮췄다. 친구들은 환호했고, 그는 어깨를 으쓱했다.

"뭐, 이정도야 기본이지. 더 필요한 거 있으면 뭐든지 말해봐. 이 천재께서 다 해결해줄 테니."

몇 달간 컴퓨터를 마음껏 사용한 악동들은 결국 꼬리를 밟혔다. 컴퓨터 회사에서 해킹 사실을 알아내 학교에 엄중경고를 한 것이다. 이 사실은 게이츠의 부모에게도 통보됐다. 컴퓨터에만 몰두하는 아들을 걱정하던 부모는 이 사실을 전해 듣고 매우 낙담했다.

부모에게는 컴퓨터가 아들을 지배하는 것처럼 보였다. 헝클어진 머리에 며칠간 잠을 자지 못해 퀭하니 들어가 핏발 선 눈, 씻지도 않아 고약한 냄새가 풍기고, 수염도 덥수룩한 적이 하루이틀이 아니었다. 손톱을 깎지 않아서 한참 길어지기도 했다. 컴퓨터 이외의 다른 일에는 아무런 관심을 보이지 않았다. 자신을 통제할 능력을 잃어버린 것 같았다. 요즘 한창 문제가 되고 있는 게임중독과 비슷한 현상이었다. 물론 게이츠는 무언가를 만들어내는 창조적인 일에 매달린다는 점에서 게임에만 몰두하는 청소년과는 다르긴 했다.

엄할 때는 엄하게, 1년간 컴퓨터 사용 금지

부모는 결국 고등학교 과정에 막 진학한 게이츠에게 가장 엄중한 벌칙을 내린다. 1년 동안 컴퓨터를 쓰지 못하게 한 것이다. 세상 그 무엇과도 바꿀 수 없는 컴퓨터를 못 쓰는 것은 게이츠에게 가장 고통스러운 일이었다. 하지만 그는 자신의 잘못을 뉘우치고 부모의 지시를 충실히 따랐다.

게이츠는 컴퓨터를 끊고 그동안 소홀했던 학교 공부를 다시 시작했다. 수학 외에 과학도 공부했고, 역사와 문학, 경제 관련 책도 닥치는 대로 읽었다. 컴퓨터에 몰두했던 열정을 책으로 돌리자 그의 지식은 빠른 속도로 증가했다. 프랭클린 루즈벨트 같은 위인들의 전기를 많이 읽고 그들의 사고방식과 문제해결법을 배웠다.

게이츠가 가장 감명 깊게 읽은 책은 J.D. 샐린저의 소설 『호밀밭의 파수꾼』이었다. 1951년 출판된 이 소설은 10대의 불안과 방황하는 심리를 섬세하게 묘사한 문제작이다. 명문 사립학교를 다니던 열일곱 살 소년 홀든 콜필드가 낙제를 하고 학교에서 퇴학당해 집으로 돌아가는 여정을 그렸다. 이 책은 애플 창업자인 스티브 잡스도 가장 인상 깊게 읽은 책의 하나로 꼽는다.

게이츠는 레이크사이드 스쿨에서 단연 두각을 드러낸 학생이었다. 몸집이 작고 왜소해 스쿨버스에서는 늘 뒷자리에 앉았지만, 뛰어난 컴퓨터 실력과 수학 성적은 누구도 따라갈 수 없었다. 학교에서 최고의 천재가 누구냐고 묻는다면 학생들은 모두 빌 게이츠라고 답했다. 그 때문에 미움과 질시도 많이 받았다. 교사들과도 종종 마찰을 빚었다. 과학시간에는 종종 교사와 논쟁을 벌였다. 교사의 말문이 막혀 게이츠가 이기는 경우도 있었다. 교사가 핵심을 찌르지 못하고 빙빙 돌려 말할 때는 "선생님, 이걸 말하고 싶은 거 아닌가요"라고 한마디를 툭 던져 무안을 주기도 했다.

이는 다른 사람을 깔봐서 나온 행동이라기보다는 자신감이 지나쳐서 나타난 행동으로 보인다. 재치가 있고 장난치기를 좋아해 컴퓨터클럽 친구들과는 잘 어울렸다. 학창시절에 스포츠카를 사서는 오후 수업을 빼먹고 친구들과 햄버거 가게에 들르기도 했다. 한 번은 친구들과 햄버거 가게에 들러 1,000달러짜리 지폐를 낸 적이 있었다. 햄버거 값은 2달러였으니 가게 주인은 998달러를 거슬러줘야 했다. 학생이 낸 1,000달러 지폐가 진짜인지 위조지폐인지 알 수도 없었다.

"이거 어떡하지? 지금 잔돈이 없어서 곤란한데."

머리를 긁적이는 햄버거 가게 주인을 보면서 게이츠와 친구들은 깔깔 웃었다. 그제야 "아저씨, 저희가 장난친 거예요. 여기 2달러 있어요"라고 말하며 잔돈을 건넸다.

게이츠의 부모는 아들이 1년간 컴퓨터를 완전히 끊은 점을 대견하게 생각했다. 아들이 한 번 약속한 것은 반드시 지키는 것을 보고는 안도했다. 그동안의 가정교육이 잘못되지 않았다는 게 판명된 것이다.

게이츠는 고교 2학년 때 다시 컴퓨터를 써도 된다는 허락을 받았다. 컴퓨터만이 아니라 과학 · 인문 · 역사 등 다방면에서 폭넓은 지식을 쌓은 게이츠는 더 이상 컴퓨터에만 빠져 사는 괴짜가 아니었다. 고학년이 된 그는 레이크사이드 스쿨 학생들을 모아 교내에서 소프트웨어 회사를 차렸고, 학교에서는 학생들의 수강시간표 짜는 일을 게이츠에게 의뢰했다. 그는 일부 학생들의 요청을 받아 좋아하는 이성 학생과 같은 과목을 들을 수 있게 편의를 봐주기도 했다. 이 소프트웨어를 시애틀의 다른 대학에도 판매해 게이츠와 친구들은 짭짤한 수익을 올렸다.

세상에 뛰어난 사람은 많다는 걸
배운 빌의 하버드 생활

1973년 게이츠는 레이크사이드 스쿨을 졸업하고 하버드에 입학했다. 원래는 고교를 마치자마자 대학에 진학하지 않고 학교 선배인 폴 앨런과 소프트웨어 회사를 차리려고 했다. 아버지와 어머니는 아들의 계획이 너무 성급하다고 봤다. 아버지 윌리엄이 말했다.

"애야, 네가 인생에서 어떤 결정을 하든지 그건 순전히 너의 몫이란다. 다만 우리는 네가 네 인생을 좌우할 수도 있는 일을 섣불리 결정하지는 말길 바란다. 세상은 네가 생각하는 것보다 훨씬 넓단다. 더 큰물에서 세상을 경험해보고 그때 결정을 내리는 게 좋지 않겠니?"

게이츠도 진지하게 아버지의 말을 들었다. 그는 부모의 말을 거역한 적이 거의 없었다. 부모가 그에게 어떤 일을 억지로 강요하거나, 공부를 하라고 잔소리한 적도 없었다. 게이츠는 학교에서 괴짜이긴 했어도 학업 성적이 뛰어났고 독서량도 많았다. 무엇보다 세상에 대한 호기심이 풍부했다. 게이츠는 부모의 조언을 받아들여 대학에 진학했다. 그의 우수한 성적과 뛰어난 컴퓨터 실력, 다양한 아르바이트 경험 등은 하버드에 입학할 기준을 충분히 만족시켰다.

게이츠는 하버드에서 별다른 흥미를 느끼지 못하고 금방 싫증을 냈다. 경제학, 심리학, 문학 등 의무적으로 들어야 하는 필수과목은 그에게 별로 재미가 없었다. 열심히 하지 않았어도 성적은 늘 중상위권을 유지했다. 그리스문학 시험을 볼 때는 도중에 잠이 들었는데도 B학점을 받았다. 머리가 비상하기도 했지만 어린 시절부터 방대한 양의 독서를 한 것이 괜찮은 성적을 올리는 바탕이 됐다. 어려운 수학과목을 들을 때는 3일간 밤을 새워 책을 파고드는 열정을 보였다. 그러다 10시간쯤 쓰러져 자고는 간단한 식사를 한 뒤에 다시 책을 보기도 했다. 잠을 잘 때는 담요를 머리끝까지 덮어쓰고 깊은 잠에 빠졌다. 잠을 자면서 컴퓨터 프로그램을 짜는 꿈을 꾼 적도 많았다.

게이츠가 하버드에서 컴퓨터 외에 몰두했던 것은 포커 게임이었다. 하버드에 모인 천재들은 경쟁심이 대단했다. 학교 수업 외에 누가 더 뛰어난지 겨루는 두뇌 대결로 포커를 택한 학생들이 많았다. 승부욕에서는 누구에게도 지길 싫어하는 게이츠도 그중의 한 명이었다. 그는 어린 시절부터 할머니와 카드 게임을 하면서 실력을 갈고 닦은 경험이 있었다. 그는 포커판에서 다른 사람이 갖고 있는 패를 거의 정확히 맞출 정도로 실력이 뛰어났다.

부모가 게이츠에게 대학 진학을 권유한 것은 훌륭한 판단이었다. 하버드 생활 중 학교 공부에는 큰 관심이 없었지만 게이츠는 소중한 경험을 많이 했다. 세상에는 자신만큼 뛰어난 사람이 많다는 걸 알게 된 것이 가장 큰 소득이었다.

우물 안 개구리처럼 자신이 최고라고 생각했던 게이츠에게 세계 최고의 천재들이 모이는 하버드는 그의 도전정신을 자극했다. 수학 등 특정 과목에서는 하버드에서도 최고 수준의 실력을 발휘했다. 시애틀에서 명문가 출신들과 어울리던 그는 하버드에서 다양한 출신 배경을 지닌 학생들을 알게 됐다. 훗날 게이츠의 뒤를 이어 마이크로소프트의 최고경영자가 되는 스티브 발머도 그 중 하나였다.

스티브 발머는 게이츠와 달리 활달하고 사교성이 좋아 학생들 사이에서 인기가 높았다.

● 스티브 발머 현 마이크로소프트 CEO

학교 기숙사에서 게이츠의 아래층에 살던 그는 게이츠의 천재성을 꿰뚫어 보고 초창기 마이크로소프트에 합류했다. 그는 능숙한 사업 수완을 발휘해 마이크로소프트가 성장하는 데 큰 역할을 했다.

제일 좋아하고
잘하는 걸 하라

게이츠는 결국 3학년을 다니다 하버드를 그만두고 1975년에 마이크로소프트를 창업한다. 장차 컴퓨터 산업이 세상을 주도할 것으로 보고 일찌감치 뛰어들기로 한 것이다.

필생의 라이벌 스티브 잡스가 애플을 만들어 개인용 컴퓨터를 개발한 것과 달리 게이츠는 소프트웨어 전문회사를 차렸다. 마이크로소프트(Microsoft)라는 이름 자체에 그의 야망인 '작은 소프트웨어가 세상을 지배할 것'이라는 뜻이 담겨 있었다.

게이츠는 부모에게 하버드를 그만두고 고교 선배 폴 앨런과 함께 소프트웨어 회사를 차리겠다고 통보했다. 어머니는 아들의 장래에 대해 걱정이 많았다. "아무리 사업이 하고 싶어도 대학을 졸업하는 것이 좋겠다"며 아들을 말렸다. 하지만 아버지 윌리엄은 더 이상 아들을 말릴 수 없다는 것을 깨달았다. 컴퓨터나 소프트웨어에 대해서는 잘 몰라도 아들이 충분히 자신의 인생을 결정할 때가 됐다는 걸 알았다.

"그래, 네 생각이 그렇다면 말리지 않겠다. 그래도 이것 하나는 반드시 명심하길 바란다. 네가 무엇을 택하든 그건 현재 네가 하는 일이 하기 싫어서가 아니어야 한다는 것이야. 지금부터 네가 하려는 일을 진정으로 원하는지 너 자신에게 물어보고 그렇다는 확신이 서면 결정을 내려도 좋단다."

"예, 아버지. 저도 잘 알고 있어요. 지금 제가 하고자 하는 일은 세상을 바꿀 거예요. 저는 진정으로 소프트웨어를 좋아하고, 세상에서 제일 잘할 자신이 있어요."

아들의 결심이 확고하다는 걸 안 부모는 더 이상 말리지 않았다. 변호사인 아버지 윌리엄은 아들의 회사 창업절차를 도와줬다. 시애틀의 지역유지였던 그는 아들에게 사업자금도 대주려고 했지만 게이츠가 사양했다.

"아버지, 감사합니다만 제 사업은 제 힘으로 하고 싶어요. 부모덕을 봐서 성공했다는 얘기는 듣고 싶지 않아요."

"그래, 잘 생각했다. 그런 단호한 생각이면 뭐든지 성공할 수 있을 거야. 정 어려울 때는 내게 얘기해라. 우리 가족은 너의 가장 든든한 버팀목이자 지지자가 될 거야."

아버지에게 배운 계약법으로
성공의 발판을 만들다

뉴멕시코주 앨버커키에서 마이크로소프트를 창업한 게이츠는 3년 뒤 고향인 시애틀로 회사를 옮겼다. 시애틀 외곽도시 벨뷰에 자리 잡았던 마이크로소프트는 현재 그 옆 지역인 레드먼드에 있다.

마이크로소프트 본사는 대학 캠퍼스를 연상시킬 정도로 자유로운 분위기다. 소프트웨어 개발자들은 과거 게이츠가 했듯이 낮이든 밤이든 아무 때나 자기가 편한 시간에 출근해 일을 하면 된다. 정해진 시간에 결과물을 내놓기 위해 밤새워 일하고 바닥에 쓰러져 자는 사람도 많다.

아버지 윌리엄은 아들에게 자신을 따라 변호사가 되라고 강요하지 않았다. 그저 아들이 제일 좋아하고 잘하는 걸 하라고 격려했다.

게이츠는 그런 아버지의 모습이 자신의 삶에 제일 큰 영향을 미쳤다고 회고했다.

게이츠가 '사업 계약서 내용을 제일 잘 이해하는 최고경영자'라는 평을 듣는 것도 아버지의 영향이다. 그는 중요한 사업계약을 할 때는 계약서 문구를 꼼꼼히 검토하고 문제가 없다고 판단될 때 서명을 해야 한다는 걸 어려서부터 체득하고 있었다.

1980년 최고의 IT 기업이었던 IBM과 맺은 컴퓨터 운영체제 판매계약이 대표적이다. 이 계약은 'IT 역사상 가장 유명한 계약'으로 통한다. 게이츠와 마이크로소프트에게는 막대한 부를 안겨준 최고의 계약이었고, 반면 IBM 경영진은 나중에 땅을 치고 후회하게 된다. 경쟁자들을 물리치고 PC 산업을 독점할 수 있었던 기회를 놓친 IBM은 결국 개인용 컴퓨터 사업에서 철수하게 된다.

당시 스티브 잡스가 세운 조그만 벤처회사 애플이 PC산업에 진출해 성공을 거두자 대기업인 IBM도 PC를 개발하기로 결정했다. 당시 IBM은 정부기관이나 은행, 대기업에서 사용하는 중대형 컴퓨터만 만들고 있었고, 개인이 사용하는 조그만 PC에는 사실 큰 관심이 없었다.

애플은 PC와 운영체제를 모두 직접 개발했다. 그러나 IBM은 하드웨어만 만들고 PC를 작동하는 데 필요한 운영체제는 외부업체를 활용하기로 했다. IBM은 PC가 일시적인 유행에 그칠 것으로 보고 적당한 외주업체를 물색했는데, 이때 게이츠의 마이크로소프트가 등장했다.

게이츠는 IBM에 MS-DOS를 공급하되 일시불로 돈을 받지 않고 PC 한 대당 일정액을 받는 라이선스 계약을 했다. 판매대수가 늘어날수록 마이크로소프트가 더 많은 돈을 벌 수 있는 계약이었다. 게다가 MS-DOS의 소유권

● MS-DOS의 기본화면

을 IBM에 넘기지 않고 마이크로소프트가 갖겠다고 주장했다. 다른 회사에도 운영체제를 판매하기 위해서였다. PC시장의 성장성을 높게 보지 않았던 IBM은 게이츠의 제안을 선뜻 수용했다.

그 이후 벌어진 일은 IT업계의 판도를 바꿨다. PC는 전 세계에서 날개 돋친 듯 팔려나갔다. 초반에는 IBM PC가 제일 많이 팔렸지만 곧 컴팩, HP 같은 경쟁사들이 나타나 IBM을 추월했다. 이들 컴퓨터에도 모두 MS-DOS가 깔려 있었다. 당연히 마이크로소프트의 수익도 기하급수적으로 늘어났다. 이후 개발한 '윈도' 운영체제와 사무용 프로그램 '오피스'도 불티나게 팔렸다.

일각에서는 게이츠가 독점적인 영향력을 이용해 경쟁사들을 압박했다고 주장했다. 실제로 일부 소송에서 마이크로소프트가 패소해 막대한 배상금을 물어주기도 했다. 하지만 복잡한 사정을 알지 못하는 컴퓨터 제조회사와 소비자들은 너도나도 쓰기 편한 마이크로소프트 제품을 구입했다. 게이츠는 1995년부터 세계 최고의 부자가 됐다.

가문의 뒤를 이어
자선사업에 인생을 바치다

게이츠는 정상에서 스스로 은퇴를 선언했다. 2000년대 중반부터 하버드 동기인 스티브 발머에게 대부분의 권한을 이양한 그는 2008년 회사 업무에서 공식적으로 은퇴했다.

그는 자신이 IT업계에서 할 일은 다 했으니 남은 인생은 자선사업에 매진하겠다고 선언했다. 자선사업은 게이츠 집안의 오랜 전통이다. 은행장이었던 외할아버지부터 그의 아버지, 어머니까지 모두 자선사업에 큰 관심을 쏟았다. 특히 어머니 메리 게이츠는 남편이 변호사로서 성공을 거두자 교직에서 물러나 미국에서 가장 신뢰받는 모금기관 중 하나인 유나이티드웨이의 시애틀 지부에서 활동했다. 아버지 윌리엄도 공립학교의 교육환경을 개선하는 법안을 마련하는 데 힘쓰고 거액을 기부하기도 했다.

소외된 이웃을 보살피는 부모님의 모습을 보고 자란 게이츠는 자신과 부인의 이름을 딴 빌&멜린다 게이츠 재단을 세웠다. 이 재단은 현재 세계에서 가장 큰 기금을 운영하는 자선재단이다. 게이츠와 세계 최고의 부자 자리를 다투던 투자자 워런 버핏도 이 재단에 거액을 기부했다. 게이츠는 자신의 재산 대부분을 사회에 환원하겠다고 약속했고, 현재도 이를 실천하고 있다.

게이츠는 특히 어린이들의 건강과 교육문제에 큰 관심을 기울이고 있다. 컴퓨터를 기부하고 학교시설 개선에 많은 돈을 지원한다. 게이츠가 보내준 컴퓨터를 사용하는 세계 곳곳의 어린이들이 언젠가는 제2, 제3의 빌 게이츠로 성장할 수 있을 것이다. 그것이 바로 게이츠가 꿈꾸는 가장 행복한 미래다.

II

Genius

그들의 뒤에는

언제나 부모가 있었다

Chapter 04
IT
천재들의
부모들

애플의 스티브 잡스, 마이크로소프트의 빌 게이츠, 페이스북의 마크 저커버그. 세 사람은 IT로 세상을 바꿔놓은 천재(天才)들이다.

2011년 세상을 떠난 스티브 잡스는 2000년대에 아이팟·아이폰·아이패드 3총사를 내놓아 세상 사람들의 일상생활을 바꿨다. 그보다 20여년 일찍 잡스는 개인용 컴퓨터 '애플Ⅱ'로 세상을 뒤흔들었다. 신제품을 소개할 때는 늘 검은 터틀넥 티셔츠에 청바지 차림으로 나타났다. 그는 마법 같은 프레젠테이션으로 세계인의 눈길을 사로잡았다. 그는 단순히 물건을 파는 비즈니스맨이 아니라 새로운 세상을 창조한 인물이었다.

스티브 잡스와 1955년생 동갑인 빌 게이츠는 컴퓨터 업계에 잡스보다 훨씬 더 큰 영향을 미쳤다. 게이츠가 만든 윈도와 오피스 프로그램이 없으면 사람들은 컴퓨터로 아무 일도 할 수가 없다. 심지어 컴퓨터를 켜는 일조차 진행되지 않는다.

아직 20대인 마크 저커버그는 위대한 업적을 쌓은 잡스나 게이츠와 견주기에는 너무 어린 나이다. 하지만 그가 불과 수년 만에 이뤄낸 성과는 두 사람과 어깨를 나란히 할 정도로 대단하다. 오히려 더 많은 발전 가능성이 있다는 점에서 향후에는 두 사람을 능가할지도 모른다는 추측도 조심스럽게 나오고 있다.

● 정상에서 다시 만난 스티브 잡스와 빌 게이츠

세 사람은 서로를 의식하면서 지내왔다. 잡스와 게이츠는 30년 지기이자 일생의 라이벌로 지내왔다. 한때 협력관계를 맺다가 적군으로 돌아서 험한 말을 쏟아내고, 법정에서 특허소송을 벌이기도 했다. 그러나 두 사람은 서로의 능력을 알고는 자신의 유일한 라이벌로 인정했다. 저커버그는 두 거인의 성공담을 보면서 창업의 꿈을 키웠다.

세 사람은 2011년 잡스의 임종을 앞두고 몇 차례 만난 것으로 알려졌다. 잡스는 예전에 게이츠에게 독설을 퍼부었던 것을 사과했다. 게이츠는 오랜 친구의 손을 잡고는 석양을 바라보며 두 사람 사이에 있었던 과거의 치열했던 승부를 추억했다. 잡스는 저커버그에게도 자신이 회사를 운영하면서 겪었던 경영의 노하우를 일러줬다.

잡스가 오랜 암 투병 끝에 세상을 떠나자 게이츠는 마지막 인사를 보냈다.

"내 오랜 친구 스티브 잡스의 가족과 친지에게 애도를 전합니다. 우리는 30년 전에 처음 만났고, 이후 동료이자 라이벌, 친구로 생의 절반을 함께 지내왔습니다. 스티브 잡스처럼 세상에 큰 영향을 준 사람은 찾기 어려우며 이후 많은 세대에도 영향을 끼칠 것입니다. 그와 함께 일할 수 있었던 것은 무한한 영광이자 명예였습니다."

마크 저커버그도 깊은 슬픔을 표했다.

"당신은 저의 친구이자 멘토였습니다. 당신이 만든 것들이 세상을 변화시킬 수 있다는 것을 보여줘서 고맙습니다. 당신을 영원히 그리워하겠습니다."

IT 천재들이 태어나서 자신의 회사를 창업하기 전까지를 살펴보면 여러 가지 공통점이 발견된다. 어려서부터 '컴퓨터 도사' 급 실력을 자랑했지만 인간관계는 서툴고, 학교생활에 잘 적응하지 못했다. 명문대에 들어갔지만 졸업장을 받지 않고 중도에 자퇴한 것도 똑같다. 무엇보다 남들이 가지 않은 길을 두려워하지 않고 앞서서 성큼성큼 걸어갔다.

이들의 삶을 살펴보면 한결같이 훌륭한 부모가 늘 곁에 있었다는 게 발견된다. 가정형편은 제각각 달랐다. 어떤 집은 부유했고, 어떤 집은 대학 등록금을 마련하기 조차 빠듯한 형편이었다. 그러나 부모들은 자녀를 매우 사랑했을 뿐만 아니라 이들의 천재성을 일찌감치 알아채고 남다르게 교육했다. 이들의 '애정 어린 관심과 교육'이 없었다면 IT 천재들도 평범한 사람에 그쳤을 수도 있다.

이들이 자라난 미국과 우리나라의 상황은 많이 다르다. 우선 역사적 배경이 다르고 시대도 다르다. 교육제도가 다른 것도 물론이다. 그러나 동서고금을 막론하고 자녀 교육을 관통하는 공통점은 있다. 그러면 IT 천재들의 부모가 어떻게 자녀를 교육했는지 몇 가지 포인트로 알아보자.

01 아이에게 힘이 되어주는 가족의 존재

세 사람은 화목한 가정에서 자랐다. 아버지들은 가족을 부양하는 일로 바빴지만 가능한 한 자녀들과 많은 시간을 보내려고 애썼다.

게이츠의 아버지는 워싱턴주 변호사협회 회장을 맡을 정도로 외부 일이 많았다. 그런데도 일이 없는 날에는 늘 일찍 집에 돌아와 가족들과 저녁식사를 했다.

요즘 자녀가 어떤 일에 관심을 갖는지, 친구들과 사이는 어떤지, 사회적인 이슈나 문화이벤트, 세상 돌아가는 얘기 등에 대해서도 폭넓게 의견을 나눴다. 특히 일요일 저녁에는 지역의 유명 인사들을 초대해 자녀들에게 그들의 성공 스토리를 들려주고 자녀의 도전정신을 키워줬다. 매년 여름방학에는 2주간 가족여행을 떠나 돈독한 가족애를 쌓았다. 어린 시절 게이츠가 가장 좋아한 것도 가족과 떠나는 여름캠프였다.

저커버그의 아버지는 치과의사다. 그는 집 바로 아래에 개인병원을 열어서 자녀들과 많은 시간을 보낼 수 있었다. 저커버그가 어릴 때부터 같이 컴퓨터 게임을 즐기고 아들의 지적 능력과 관심사를 세세히 파악했다. 병원 일을 보는 틈틈이 아들이 놀러오면 기꺼이 반갑게 맞아주었다. 아버지의 권위를 내세우기보다는 친한 친구처럼 대해줬다. 저커버그도 아버지를 어렵게 느끼지 않고 늘 가까이에서 의지할 수 있는 버팀목으로 삼았다.

스티브 잡스의 경우는 출발부터 이들과 달랐다. 잡스는 입양아였다. 하지만 잡스를 입양한 양부모는 그를 친아들 이상으로 귀하게 여겼다. 어린 시절 잡스가 "친부모가 정말 저를 버렸나요"라고 울면서 물어보자 아버지는 "그게 아니란다. 우리가 너를 선택한 거야"라고 따뜻하게 말해줬다.

아버지는 고교를 중퇴한 자동차 기술공이었고, 어머니는 고졸 주부였지만 학력은 별로 중요하지 않았다. 빠듯한 형편에서도 아들이 원하는 것이 꼭 필요하다고 생각되면 뭐든지 들어줬다. 아버지는 아들과 차고에서 많은 시간을 보냈다. 잡스에게 자동차 고치는 법과 울타리나 가구를 만드는 목수 일도 가르쳐줬다. 훗날 잡스가 아이폰 같은 기기를 만들 때 완벽한 제품이 나올 때까지 계속 설계와 디자인을 뜯어고친 것도 무슨 일이든 대충 처리하는 법이 없었던 아버지를 보고 배운 것이었다.

요즘 우리나라 아버지들은 너무 바쁘다. 회사일이 끝없이 이어지고 저녁에도 거래처 사람들을 접대하느라 술잔을 기울여야 하는 일이 많다. 일이 없을 때도 집에 일찍 가면 눈치 없다는 소리를 들을 수 있어 자의반 타의반으로 동료들과 어울린다. 그렇게 피곤한 일과를 보내고 나면 주말에는 늘어져 자고 싶은 생각뿐이다. 아내의 잔소리와 자녀들의 투정은 귓전으로 흘려듣는다. "이게 다 우리 가정을 위해 내가 희생하는 거야"라고 스스로 변명을 해보기도 한다.

하지만 이런 모습은 아버지의 역할을 절반밖에 못 하는 것이다. 아버지는 '돈 벌어오는 기계'가 아니다. 회사 일 때문에 힘들다고는 해도 가급적 바깥에서 보내는 시간을 줄이고 가정에서 더 많은 시간을 보내도록 해보자. 처음에는 어색할 수 있어도 장기적으로는 그게 자신에게도 좋고 자녀에게도 도움이 될 것이다. 요즘은 임직원이 가족들을 챙기도록 일찍 퇴근하는 날을 만들거나 재택근무 같은 스마트워크 시스템을 기업 차원에서 먼저 장려한다.

어머니도 자녀를 학원에 보내는 것으로 의무를 다 했다고 여겨서는 곤란하다. 억지로 시키는 공부는 오래 가지 못한다. 자녀와 많은 대화를 나누고 함께 책을 읽거나 영화를 보는 등 정서적인 유대감을 갖는 것이 중요하다고 아동교육 전문가들은 말한다. 아이가 자신의 장래 희망이 무엇인지, 그러기 위해서는 무엇을 해야 하는지 깨닫는다면 부모가 더 이상 공부하라고 채근할 필요가 없을 것이다.

02 조기 교육으로 자녀의
천재성을 일깨워라

IT 천재들의 성격은 다들 비슷했다. 기본적으로 머리는 좋았지만 사회성이 서툴렀다. 학교생활에는 잘 적응하지 못해 부모가 학교에 불려가는 일도 많았다. 하지만 부모들은 "넌 왜 항상 이 모양이니", "아빠가 몇 번이나 말했잖아", "너 때문에 정말 못 살겠다"는 식으로 푸념하는 일이 없었다. 오히려 "우리 아이는 남들과 다르다"는 점을 깨닫고 더 많은 신경을 썼다. 단점보다는 장점을 발견해 키워주려고 한 것도 공통된 점이었다.

저커버그의 아버지는 호기심이 많은 어린 아들의 질문에 귀찮아하지 않고 성심성의껏 대답해줬다. 저커버그도 "부모님에게 질문을 하면 '예', '아니요' 같은 단순한 답변이 아니라 항상 사실과 경험, 논리와 이성적인 근거를 대고 설명해줬다"고 말했다.

그의 아버지는 치과의사이면서도 컴퓨터에 관심이 많았다. 아들이 곧잘 자신의 옆에서 컴퓨터 키보드를 누르는 데 호기심을 보이자 아버지는 저커버그가 아홉 살 때부터 정식으로 프로그래밍을 가르쳤다. 아들이 금방 자신의 실력을 뛰어넘자 전문 소프트웨어 개발자를 가정교사로 채용해 컴퓨터에 대한 아들의 호기심을 충족시켜줬다. 어려운 과제를 내서 도전정신을 자극하기도 했다.

심지어 저커버그가 중학생 때는 인근 지역의 대학에 보내 전문 컴퓨터 강좌를 듣게 했다. 당시 수업을 듣는 사람들은 20~30대 성인이 대부분이었고 10대 청소년은 저커버그 혼자였다. 하지만 저커버그는 여기서도 뛰어난 실력을 과시해 아버지의 판단이 정확했음을 입증했다.

스티브 잡스의 부친은 고등학교를 중퇴한 자동차 수리공이었다. 잡스가 전자회로에 관심을 보이자 아버지는 주말마다 아들 손을 잡고 중고 부품상을 찾아가 라디오·전축 등을 만드는 데 필요한 부품을 구해줬다. 형편이 넉넉하지 않았던 잡스 부모는 아들에게 따로 과외를 시킬 여유가 없었다. 그 대신 이웃에 사는 엔지니어에게 초등학생 잡스를 보내 마이크와 스피커의 작동 원리 등 전자공학의 기초를 배우게 했다. 잡스가 자란 곳이 실리콘밸리였다는 것은 잡스에게 대단한 행운이었다. 젊은 엔지니어들은 컴퓨터에 관심을 보이는 어린 잡스에게 뭐든지 친절하게 가르쳐주려고 했다.

잡스 아버지는 컴퓨터가 어떻게 생겼는지 궁금해하는 잡스를 데리고 나사(NASA) 연구소에도 갔다. 여기서 대형 컴퓨터가 작동하는 모습을 보고 잡스는 첫눈에 반해 장차 컴퓨터 사업을 해야겠다고 결심한다.

좋은 학교에 다니는 건
분명 도움이 된다

IT 천재들은 초등학교 시절부터 또래 아이들보다 학습 능력이 뛰어났다. 자기는 한 번 척 보면 아는 내용을 같은 반 친구들이 이해하지 못하는 게 왜 그런지 도저히 알 수 없었다. 그래서 친구들을 무시하는 일이 많았다. 그러자 친구들은 그들을 질시하고 따돌리기도 했다. IT 천재들은 학교생활에 재미를 느끼지 못하고 따분하다고 느꼈다.

부모들은 이 점을 간파했다.

게이츠의 부모는 아들이 공립 초등학교를 마치고 중학교에 진학할 때 결단을 내린다. 시애틀 최고의 명문 사립학교인 레이크사이드 스쿨에 보내기로 한 것이다. 게이츠의 어머니는 학부모회를 통해 학교에 컴퓨터 단말기를 기증하는 일에 적극적으로 나섰다. 그 덕분에 다른 아이들이 컴퓨터를 본 적도 없었을 때 게이츠는 학교 전산실에서 밤늦도록 컴퓨터를 만지며 놀 수 있었다. 컴퓨터 천재로 성장할 수 있는 여건이 다른 사람보다 훨씬 좋았던 것이다.

저커버그는 최고 명문 기숙학교 중 하나인 필립스 엑시터 아카데미를 졸업했다. 이곳은 미국 16대 대통령 링컨도 아들을 보냈던 명문이다. 그는 여기서 프랑스어 · 히브리어 · 라틴어 · 고대 그리스어를 구사하는 인문학적 소양을 갖출 수 있었다.

인간은 환경의 영향을 많이 받는다. 명문 학교에 들어간다고 저절로 공부를 잘하게 되는 건 아니지만 면학 분위기가 좋은 학교에 다니면 아무래도 공부에 더 관심을 쏟게 된다. 물론 명문학교에 입학할 자격이 된다는 것 자체가 그들이 비범한 능력을 갖고 있었다는 증거이기도 하다. 주변 친구들이 뛰어난 학생들이라면 경쟁심도 강해진다. 게이츠와 저커버그는 명문 사립학교를 다닌 덕분에 자신의 능력을 최대치로 끌어올릴 수 있었다.

두 사람 모두 하버드에 진학해 부모를 기쁘게 했다. 하버드에서도 학교생활에 썩 흥미를 느끼지는 못했지만 전국에서 모여든 최고의 수재들과 경쟁하면서 자신을 단련시켜 나갔다. 둘 다 누구에게도 지기 싫어하는 성격이어서 자신이 좋아하는 수학이나 과학, 컴퓨터 과목에서는 하버드에서도 최고의 성적을 올렸다.

잡스의 부모도 아들 교육을 최우선으로 생각했다. 아들이 다니던 공립 중학교에서 패싸움 등의 사건사고가 빈발하자 부모는 전학을 결심했다. 하지만 사립학교를 보내기에는 도저히 형편이 안됐다. 그래서 지역에서 제일 괜찮은 공립학교가 어딘지 수소문해서 쿠퍼티노 중학교로 전학시켰다. 이를 위해 집을 팔고 이사를 가야 했다. 맹자의 어머니가 자녀 교육을 위해 세 번이나 이사를 갔다는 고사(故事)인 '맹모삼천지교'가 미국에서도 그대로 재현된 셈이었다. 이 결정은 잡스의 일생에 가장 중요한 영향을 미쳤다. 잡스는 훗날 "그때 전학을 가지 않았다면 나는 불량한 친구들과 어울려 나쁜 짓을 하고 교도소를 들락거리는 신세가 되었을 것"이라며 부모에게 깊은 감사를 표시했다.

이들은 잡스를 입양할 때 친어머니에게 "아들을 꼭 대학에 보내겠다"는 약속을 했고, 실제로 그 약속을 지켰다. 잡스가 가려던 대학은 서부 오레건주에 있는 사립 명문인 리드 대학이었다. 이 학교 학비는 미국에서 가장 비싼 축에 속했다. 잡스의 부모는 아들을 이 학교에 입학시키기 위해 10년 넘게 모아둔 적금통장을 깼다.

잡스는 어렵게 들어간 대학을 한 학기 만에 때려치우지만 1년간 더 대학에 머물렀다. 그는 더이상 정규 과목을 들을 필요가 없었으므로 자신이 듣고 싶은 것만 골라 청강하면서 소중한 경험을 쌓았다. 서체(書體) 강의를 들으면서 디자인의 중요성과 심미안에 눈을 뜬 것이다. 이 경험은 그가 나중에 개발한 매킨토시 컴퓨터에 아름다운 글자체를 탑재하는 데 결정적인 영향을 미쳤다. 잡스가 대학 시절 디자인에 눈을 뜨지 못했다면 간결한 미니멀리즘의 극치라는 찬사를 받는 아이팟이나 아이폰 디자인이 탄생하기 어려웠을 것이다.

자녀들의 사교육이나 학교 선택에 대한 열정은 우리나라 학부모도 전혀 뒤질 것이 없다. 오히려 IT 천재들의 부모보다 훨씬 더하다. 서울 강남구 대치동의 집값이나 전세가 가장 비싼 이유 중 하나가 이 지역에 몰려 있는 우수한 중고교와 학원 때문이라는 건 상식으로 통한다. 지방에서 대치동 학원 수업을 들으려고 주말에 서울로 올라왔다가 내려가는 학생도 적지 않다고 한다.

하지만 이런 사교육은 입시 문제만 달달 외우게 할 뿐 창의성이나 도전정신을 키워주는 것과는 거리가 있어 보인다. 자녀들이 원하지도 않는데 억지로 학원에 집어넣어서야 얼마나 성과가 날지 의문이다. 말을 물가로 끌고 갈 수는 있지만 억지로 물을 먹일 수는 없다. 물고기를 바로 주기보다는 물고기 잡는 법을 가르치는 교육이 더 시급하다고 교육 전문가들은 지적한다.

물론 학원을 멀리하고 공부를 소홀히 하는 것보다는 억지로라도 학원에 가는 게 도움이 될지 모른다. 기왕이면 실력 있는 강사가 있는 학원에 다니면 안 그런 학생보다 기본 환경에서 유리할 수도 있다. 하지만 그보다는 자녀가 왜 공부를 해야 하는지 동기를 부여하고, 어떤 분야에 관심과 재능이 있는지 부모가 세심하게 관찰하고 파악해서 길을 이끌어주는 것이 더 중요하다고 본다.

04 제도권 교육에 얽매이지 않는다

IT 천재들 세 명 모두 학교 교육을 따분하게 여겼다. 그중에서도 잡스가 특히 심했다. 자유로운 영혼을 지닌 그는 꽉 짜인 학교 교육에 끊임없이 반항했다. 학교에서 심한 장난을 치는 바람에 부모가 불려가기도 했다.

하지만 잡스의 아버지는 제도권 교육에 얽매이지 않았다. 그는 "학생이 공부에 흥미를 잃는 것은 교사 책임이지 아이가 잘못한 게 아니다. 호기심을 자극하지 못하면서 바보 같은 내용만 달달 외우게 하는 학교가 문제"라고 오히려 학교 측에 호통을 쳤다. 잡스가 특별한 능력을 지닌 아이인 만큼 학교에서도 이를 감안해 가르쳐주기를 요청한 것이다. 그제야 학교는 학업 성취능력이 뛰어난 잡스를 월반시키는 조치를 취했다.

잡스가 리드대를 한 학기 만에 그만둘 때도 부모는 걱정하기는 했지만 극구 말리지는 않았다. 자신의 앞길을 충분히 헤쳐나갈 것으로 믿었기 때문이다. 잡스가 고향에 돌아와 애플을 창업했을 때 아버지는 차고를 사무실로 제공했고, 어머니는 직원들의 식사를 책임졌다. 주문전화를 받아주고 집으로 찾아온 바이어에게 차를 대접하는 일도 어머니의 담당이었다.

빌 게이츠와 마크 저커버그가 최고의 명문인 하버드를 그만둘 때도 마찬가지였다. 게이츠는 "당시 아무도 보지도 듣지도 못했던 소프트웨어 사업을 한다고 하버드를 때려치울 때도 부모님은 나를 믿어주셨다"고 말했다. 게이츠의 어머니는 아들이 가급적 대학을 마치기를 바랐지만 아들의 고집을 꺾을 수는 없었다. 게이츠의 아버지는 회사 법률고문을 맡아서 창업절차를 도와주며 조언을 아끼지 않았다.

저커버그의 아버지는 오히려 아들의 결정을 환영했다. 컴퓨터가 무슨 물건인지 모르던 게이츠와 잡스의 부모와 달리 저커버그의 아버지는 컴퓨터와 인터넷에 깊은 관심을 갖고 있었다. 아들이 이미 여러 인터넷 서비스를 개발해 지명도가 높은 점을 고려해 성공 가능성이 높다고 봤다. 오히려 아버지가 나서서 "지금이 창업하기에 가장 좋은 시기"라며 용기를 북돋워줬다.

IT 천재들이 모두 대학을 중도에 그만뒀다고 해서 그것이 성공의 키워드라고 받아들이면 곤란하다. 중요한 것은 이들이 명문대에 들어가기에 충분한 실력을 갖추고 있었다는 점이다.

세 사람은 컴퓨터는 물론이고 수학이나 과학 과목의 성적은 최상위권이었다. 인문학과 역사, 경제학에 관한 지식도 풍부했다. 이들은 컴퓨터와 인터넷이 세상을 바꿀 것이라고 미래를 정확히 예측하는 혜안을 갖고 있었다. 막연히 학교 다니기가 지겨워서 때려치운 것이 아니었다. 당시가 바로 사업을 시작할 절호의 타이밍이었기 때문에 과감히 결단을 내린 것이다.

애플, 마이크로소프트, 페이스북은 창업자들이 대학 중퇴생이지만 신입사원을 뽑을 때는 명문대 출신을 선호하는 것으로 알려져 있다. 게이츠도 한 고등학교를 방문해서 학생들에게 "대학을 나오지 않고 4만 달러 이상의 연봉을 받겠다는 것은 꿈이다"라고 진지하게 조언할 정도다.

IT 천재들은 제도권 교육 자체를 부정하지는 않았다. 오히려 교육의 중요성을 깊이 인식하고 이 분야에 많은 기부를 한다.

저커버그는 공교육 개선에 거액을 쾌척하면서 "나는 그동안 좋은 교육여건에서 공부를 하면서 여러 가지 혜택과 기회를 많이 가졌다. 다른 학생들도 나처럼 기회를 갖기 바란다"고 밝혔다.

빌 게이츠가 설립한 빌&멜린다 게이츠 재단은 교육 분야 지원을 최우선 과제로 삼고 있다. 제도권 교육을 개선해서 더 나은 인재를 길러내기 위해서다.

스티브 잡스는 스탠퍼드 대학 졸업식 축사를 하면서 "내가 리드 대학을 그만둔 것은 최고의 결정이었다"고 말했다. 이것은 부모가 막대한 등록금을 대느라 허리가 휘는 상황을 더이상 두고 볼 수 없어서 내린 결정이었다. 그는 졸업생들에게 "늘 우직하게 자신의 길을 가라"고 조언했다. 대학 졸업장이 있느냐 없느냐가 중요한 것이 아니라 자신이 정말로 하고 싶은 일을 찾아서 최고가 되라는 말이었다.

잡스도 생전에 학교에 컴퓨터를 많이 기부하고 학생들에게는 특별할인을 해주는 등 교육 분야에 관심을 쏟았다. 그의 부인도 교육 분야의 자선활동을 활발히 하고 있다.

05 인맥도 훌륭한 자산이다

아메리칸 드림이란 말은 미국에서는 학연, 지연, 혈연이 없어도 능력만 있으면 얼마든지 성공의 기회가 있다는 뜻에서 흔히 쓰인다. 이른바 '빽'이 없어도 자신의 능력 여하에 따라 얼마든지 성공의 기회가 주어진다는 말이다. 이 말은 어느 정도 사실이기는 하나 전적으로 수긍하기는 어렵다. 정도의 차이는 있을지언정 미국 사회도 인맥을 매우 중시하기 때문이다.

실리콘밸리에서 벤처 기업이 투자를 받으려면 단순히 기술력이나 사업 아이디어만 갖고는 부족하다. 누군가의 소개가 없으면 벤처캐피털을 찾아가 사업 아이디어를 설명할 약속을 잡는 일도 쉽지 않다. 젊은 패기만 믿고 무작정 찾아갔다가는 문전박대 당하기 일쑤다. 실리콘밸리 사람들은 누구보다 인맥을 따지기로 유명하다.

예를 들어 벤처기업을 대기업에 매각해 큰돈을 번 사람들은 회사를 나와서 다른 벤처를 차린다. 이들은 예전 직장 동료들끼리 정보를 주고받으며 서로의 회사에 거액을 투자하기도 한다. 주말 바비큐 파티를 하다가 누군가가 좋은 사업 아이디어를 내면 그 자리에서 거액의 투자 결정이 내려지는 일도 비일비재하다.

이런 점에서 볼 때 IT 천재들도 막강한 인맥의 도움을 받았다. 고교와 대학 시절 친구들이 제일 든든한 자산이었다. 저커버그가 페이스북을 시작할 때 합류한 동료들은 하버드대 친구들이었다. 컴퓨터, 마케팅, 회계, 조직관리 등 각 분야에서 실력있는 인재들이 친구 회사에 들어왔다. 단지 공부만 잘한 친구들이 아니라 고교와 대학 시절에 기업체 근무를 하면서 경험을 쌓은 친구들이 많았다.

저커버그의 누나 랜디도 하버드를 나와 광고회사에 근무하다가 동생의 회사에 합류했다. 랜디는 초창기에 페이스북의 마케팅을 책임지면서 회사를 키우는 데 크게 기여했다. 이런 실력 있는 사람들이 많았기 때문에 신생회사인 페이스북은 업계에서 일찌감치 자리를 잡고 규모를 키워나갈 수 있었다.

회사 운영에 필요한 초기 자금은 그의 모교인 필립스 엑시터 아카데미 친구들이 많이 투자했다. 이 학교는 전국적인 명문 사립학교인데다 학비가 무척 비싸서 부유층 자제들이 많이 다녔다. 똑똑한 걸로 따지자면 하버드대 친구들이 한수 위였을지 몰라도 집안 배경으로 보면 고교인 필립스 엑시터 아카데미가 훨씬 나았다.

잡스도 고교 시절 만난 학교 선배와 애플을 공동 창업했다. 잡스는 홈스테드 고교를 다니면서 선배인 스티브 워즈니악을 알게 됐다. 워즈니악은 천재적인 엔지니어로서 초창기 애플 컴퓨터 설계를 도맡아 했다. 워즈니악이 만든 컴퓨터를 판매하는 것은 마케팅 실력이 탁월한 잡스의 몫이었다. 둘 외에도 어린 시절부터 실리콘밸리 지역에서 알고 지낸 실력파 친구와 선후배들이 너도 나도 애플에 들어와 회사를 키우는 데 일조했다.

게이츠 역시 마찬가지였다. 그는 시애틀 최고의 명문 레이크사이드 스쿨을 다닌 덕분에 2년 선배인 폴 앨런을 만났다. 게이츠도 컴퓨터 실력에서는 둘째가라면 서러울 정도로 뛰어났지만 폴 앨런은 그보다 한 수 위로 평가됐다. 그는 스티브 워즈니악 못지않은 천재 엔지니어였다. 앨런이 만든 소프트웨어를 협상의 명수인 게이츠가 판매해 대성공을 거뒀다.

IBM에 컴퓨터 운영체제를 납품할 때 소유권을 넘기고 일시불로 거액을 받지 않고 판매대수에 따라 매우 적은 소액의 돈만 받기로 한 것은 게이츠의 아이디어였다. 운영체제 소유권을 IBM에 넘기지 않고 마이크로소프트가 확보한 덕분에 다른 회사에도 이를 팔아서 더 많은 수익을 올릴 수 있었다.

이처럼 컴퓨터 실력은 가장 필수적인 요소이기는 해도 그것만으로 회사를 운영할 수 없다. 앨런이 컴퓨터 분야의 천재였지만 회사를 세우고 운영하는 데는 게이츠가 더 역량을 발휘했다. 애플에서 스티브 잡스와 스티브 워즈니악의 관계도 비슷했다. 폴 앨런과 스티브 워즈니악은 초창기에 마이크로소프트와 애플의 성장 기틀을 다 진 후에 회사를 떠났다. 물론 이들도 회사 주식을 받아서 막대한 부를 모았다. 오히려 일찌감치 회사에서 물러난 덕분에 게이츠나 잡스보다 훨씬 편안한 여생을 누린 측면도 있다.

게이츠의 오른팔로 불리는 든든한 '동지' 스티브 발머는 하버드 동창이다. 내성적이어서 친구를 잘 사귀지 못했던 게이츠가 하버드에서 가장 친하게 지낸 사람이 바로 스티브 발머였다. 게이츠는 자신의 소프트웨어 사업 구상을 늘 발머에게 들려줬고, 그가 마이크로소프트를 창업하자 발머도 나중에 합류해 함께 회사를 키워나간다. 공동창업자인 폴 앨런이 자신의 지분을 받아서 회사를 떠난 뒤에도 발머는 게이츠의 곁을 지켰다. 게이츠가 2008년 마이크로소프트에서 공식 은퇴한 이후에도 발머는 마이크로소프트의 최고경영자로서 회사를 이끌고 있다.

잡스, 저커버그, 게이츠는 다들 천재적 기질을 갖고 있었다. 하지만 이들이 고교와 대학에서 좋은 친구들을 만나지 못했다면 현재와

같은 성공을 거둘 수 있었을지는 불투명하다. 이들이 다닌 학교가
우수 인재들이 많이 모이는 곳이었다는 점은 회사를 창업하고 키워
나가는 데 큰 도움이 됐다.

06

돈의 소중함을 가르쳐라

IT 천재들은 집안 형편과 상관없이 중학교나 고교 시절부터 아르바이트를 했다. "그 시간에 공부나 더 하라"며 말리는 부모는 없었다. 스스로 일을 해서 돈을 벌면서 세상살이를 일찍 깨우치도록 한 것이었다. 덕분에 이들은 어려서부터 일과 돈의 소중함을 몸으로 배웠다.

잡스의 집안은 넉넉하지 않아서 잡스는 어려서부터 일을 했다. 신문배달도 했고, 컴퓨터 가게의 아르바이트 점원도 했다. 방학 때는 컴퓨터 회사에서 프로그램을 짜는 임시직도 맡았다. 또래 아이들처럼 놀고 싶을 나이였지만 잡스는 일하는 것을 좋아했다. 부모에게 부담을 주지 않고 자기가 일해서 번 돈으로 오디오 앰프와 전자키트를 사는 것에 뿌듯한 보람을 느꼈다. 고교 시절에는 중고 자동차도 자기 힘으로 마련할 정도였다. 잡스의 아버지는 그런 아들을 대견해했다. 출근할 때 아들을 차에 태우고 일터에 데려다 주고는 자신도 직장으로 향했다. 회사 일을 마치고 돌아올 때도 잡스가 있는 곳에 들러 같이 귀가했다. 그런 가운데 부자는 여러 얘기를 나눴고 정도 쌓았다.

저커버그도 마찬가지였다. 대학 입시 준비에 바쁜 와중에도 그는 방학이면 컴퓨터 프로그램을 작성하는 부업을 했다. 이런 경험은 그가 하버드에 진학하는 데도 도움이 됐다. 미국 대학은 학업성적과 더불어 자원봉사, 사회활동 등을 중시하기 때문이다. 저커버그는 대학시절에 만든 인터넷 서비스가 히트하면서 웬만한 직장인보다 많은 돈을 벌기도 했다. 이를 통해 소셜 네트워크 서비스가 폭발적으로 성장할 것임을 직감한 그는 대학을 그만두고 페이스북을 차린다.

게이츠는 시애틀에서 손꼽히는 유복한 집안에서 태어나 굳이 아르바이트를 하지 않아도 됐다. 그런데도 그는 중고교 시절 학교를 마치고는 저녁에 컴퓨터 회사에서 아르바이트를 했다. 밤 12시가 넘어서 집에 돌아올 정도로 고단한 작업이었다. 부모는 이를 말리지 않았다. 세상 물정 모르고 자라는 것보다는 이런 기회에 사회를 아는 것이 필요하다고 여겼기 때문이다.

사실 게이츠는 돈을 벌기 위해 아르바이트를 한 것이 아니었다. 컴퓨터 회사에 있으면 자기가 좋아하는 컴퓨터를 마음껏 사용할 수 있다는 사실이 더 중요했다. 당시에는 집집마다 컴퓨터가 없었고, 컴퓨터 사용료가 무척 비쌌다. 게이츠는 컴퓨터의 프로그램 오류를 찾아내는 작업을 하면서 자신의 실력도 부쩍 키울 수 있었다. 학교에서는 학생들의 수업시간표를 짜는 소프트웨어를 개발해 장학금을 받기도 했다.

07

읽는 것이
힘이다

방대한 독서량도 IT 천재들에게서 공통적으로 보이는 특징이다. 굳이 IT 분야가 아니라도 성공한 대부분의 사람들은 어린 시절 책을 많이 읽었다고 회고한다. 그만큼 독서가 한 사람의 인생에 미치는 영향은 크다.

게이츠의 아버지는 초등학생 아들을 데리고 종종 지역 도서관을 찾았다. 아들이 학교에 입학하기도 전에 집에 있는 책을 거의 다 읽어버렸기 때문이다. 게이츠는 일곱 살 때 『세계대백과사전』을 몽땅 암기할 정도로 지식에 대한 욕구가 왕성했다. 아버지는 아들을 위해 최대한 많은 책을 빌렸고, 이는 그의 지성 발달에 큰 도움이 됐다.

> 나는 어렸을 적에 많은 꿈이 있었다. 그 꿈들이 현실이 된 데에는 내게 많은 독서 기회가 있었다는 점이 주요했다고 생각한다. – 빌 게이츠

어린 시절 어머니가 읽어주는 책을 듣고 자란 스티브 잡스도 폭넓은 독서량을 자랑했다. 그의 독서 목록은 셰익스피어 소설 같은 문학, 동서양의 역사와 철학, 음악과 예술 서적 등으로 다양했다. 수학과 과학 분야의 전문서적은 별도로 치더라도 말이다. 잡스는 인문학과 기술을 가장 잘 접목한 융합형 인재라는 평가를 받았다. 그가 말년에 프레젠테이션을 할 때는 항상 기술과 인문학이 교차하는 두 개의 화살표를 보여줬다. 어느 한쪽만 갖고서는 사람들에게 큰 영향을 미칠 제품이나 서비스를 내놓기 어렵다는 뜻이었다.

저커버그 역시 고대 그리스 신화인 호머의 일리아드를 줄줄 외울 정도로 독서량이 많았다.

대개 독서를 많이 하는 학생이 학업성적도 뛰어나다는 건 일반적인 상식처럼 통한다. 요즘 학교에서 독서 교육을 강조하면서 일부 학부모들이 자녀에게 필독 도서를 억지로 읽히고, 그마저도 시간이 없으면 요약본을 보게 하는 경우가 많다. 이렇게 시험공부 하듯이 책을 읽어서야 독서의 즐거움을 얼마나 느낄지 의문이 든다.

08 마냥 자상한 부모는 없다

부모들이 자녀 교육에 신경을 쓰고 애정을 쏟았지만 늘 자상하기만 한 것은 아니었다. 잘못한 일에는 따끔하게 혼을 내고 벌을 줄 정도로 엄격했다. '오냐, 오냐' 하고 응석받이로 키웠다면 이들은 성공하기 어려웠을 것이다.

게이츠의 부모가 대표적이다. 게이츠가 레이크사이드 스쿨에서 컴퓨터 시스템을 해킹해 비싼 사용료를 거의 물지 않게 만든 사건이 있었다. 친구들은 환호했지만 이는 엄연한 범죄행위였다. 컴퓨터 회사에서는 어린 학생들의 잘못이라 주의만 주고 처벌을 원하지는 않았다. 하지만 변호사인 아버지의 기준으로는 용납 못할 일이었다. 늘 자상한 모습을 보였던 그는 아들의 잘못을 호되게 나무랐다. 그리고는 '1년간 컴퓨터 사용 금지'라는 벌을 내렸다. 자신의 인생을 걸 정도로 좋아했던 컴퓨터를 그토록 오랫동안 쓰지 못하게 하는 건 게이츠에게 너무나 가혹한 형벌이었다.

컴퓨터에만 빠져서 모든 일을 팽개치고 범죄행위까지 저지른 아들의 정신을 차리게 하기 위해 그에게 가장 엄중한 처벌을 한 것이다. 게이츠는 자신의 잘못을 뉘우치고 벌을 달게 받아들였다. 그 기간에 등한시했던 학교 공부를 보충하고 폭넓은 독서를 하면서 인성을 길렀다. 이때의 쓰라린 경험이 오히려 더 큰 도약의 기틀을 다지는 계기가 됐다.

스티브 잡스도 고교 시절 마리화나를 하다가 아버지에게 들켜 된통 혼이 났다. 양자인 잡스를 친아들처럼 여기던 잡스의 아버지는 이날만큼은 도저히 참지 못했다. 친구를 때리거나 가출을 한다든지 하는 일은 너그럽게 타이를 수 있었다. 하지만 강직한 성품의 아버지가 보기에 마약은 절대 해서는 안 되는 일이었다. 마리화나가 아들의 영혼을 파괴한다고 생각한 아버지는 불같이 화를 내며 아들을 꾸짖었다. 잡스가 "내 평생 아버지가 그렇게 화를 내는 것은 본 적이 없다"고 말할 정도였다.

09 부모는 자녀의 가장 훌륭한 역할모델

IT 천재들의 부모는 자녀에게 이래라 저래라 강요하지 않았다. 공부하라는 말도 안 했고, 아버지처럼 의사나 변호사가 되라고 요구한 적도 없었다. 그 대신 스스로 일상생활에서 모범을 보였다. 자녀들은 자연스럽게 부모의 성실하고 진지한 생활 태도를 보면서 자랐다.

잡스의 아버지는 집에 울타리를 만들 때 잡스에게 망치질을 가르쳐주고, 차고에서 자동차를 수리할 때도 함께 일했다. 그는 "남에게 보이는 앞부분만 신경 쓸 게 아니라 숨겨져 있는 뒤쪽도 잘 다듬어야 한다"고 가르쳤다. 잡스의 완벽주의는 어려서부터 잉태된 셈이다.

잡스의 아버지는 자동차 수리공, 금융회사 채권 추심원, 부동산 중개업 등 여러 직업을 전전해 큰돈을 만지지는 못했다. 잡스는 누구보다 아침 일찍 회사에 출근해서 가장 늦게 돌아오는 아버지가 돈을 잘 벌지 못하는 점을 잘 이해하지 못했다. 그래도 그의 아버지는 늘 쾌활한 얼굴로 일터에 나갔고, 자신의 일에 자부심을 갖고 있었다. 특히 자동차 수리 분야만큼은 누구보다도 잘 알고 있었다. 어린 잡스가 "나중에 무슨 일을 하더라도 세계에서 최고가 되겠다"고 결심한 것도 아버지의 모습을 보고 배운 것이었다.

게이츠의 부모도 마찬가지였다. 게이츠의 아버지는 성공한 변호사이면서도 지역사회에 많은 기부를 하는 인물이었다. 혼자만 잘사는 것에 만족하지 않고 소외된 이웃을 보살피는 일에 신경을 썼다. 어머니도 자선활동에 많은 시간을 할애했다. 게이츠가 마이크로소프트에서 은퇴해 세계 최대의 자선재단을 운영하는 것도 이런 부모의 베푸는 삶에 제일 큰 영향을 받았다. 부모가 자녀의 가장 훌륭한 역할 모델이었던 것이다.

10 당신의 자녀를 믿어라

     IT 천재들의 부모가 자녀를 키운 과정을 살펴 보면 무엇보다 중요하게 드러나는 것은 자녀를 전폭적으로 믿었다는 점이다. 게이츠와 저커버그의 아버지는 명문 하버드대를 중퇴하고 각각 마이크로소프트와 페이스북을 창업한다고 할 때도 반대는 커녕 법률고문을 맡고 사업자금을 대주겠다고 했다. 스티브 잡스가 인문학 분야의 명문인 리드대학을 그만둘 때 그의 부모도 절대 안된다고 말리지 않았다.

이는 자녀가 뭘 하든 알아서 하라고 부모가 관심을 끊고 방치하는 것과는 차원이 다르다. IT 천재들의 부모는 누구보다도 자녀들에게 많은 관심을 쏟았다. 그러면서도 자신들의 욕심을 강요하는 대신 자녀가 좋아하고 잘하는 분야에서 최대의 성과를 낼 수 있도록 적극 지원했다. 독서나 스포츠, 컴퓨터, 하이킹, 아르바이트, 대학 진학과 중퇴 등이 그것이다.

게이츠가 아버지를 따라 변호사가 되었다면 개인용 컴퓨터 시대의 도래는 10년 이상 늦어졌을 것이다. 잡스가 자동차 수리공이 됐어도 마찬가지 일이 발생했을 것이다. 저커버그가 의사가 되려고 했다면 아직도 전문의 자격증을 따느라 고생하고 있을지 모른다. 이들은 부모의 전폭적인 지지와 신뢰 속에서 자신의 길을 걸어 나갔다. 어떤 의미에서는 IT 천재들이 이런 부모를 만날 수 있었던 것이 행운이었다.

발명왕 에디슨은 이렇게 말했다. "천재는 1%의 영감과 99%의 노력으로 이루어진다"라고. 그 99%의 노력에는 자기 자신의 것만이 아니라 부모의 보살핌이 상당 부분을 차지한다고 보는 것이 옳다. 나이가 어릴수록 부모의 교육이 더 큰 영향력을 발휘한다.

무슨 일이든 억지로 해서는 성과를 내기 힘들다. 그저 야단맞지 않고 넘어가는 수준에 그친다. 공부든 업무든 마찬가지다. 부모가 자녀 곁에 붙어 앉아서 '공부해라. 공부해라' 입버릇처럼 말한다고 자녀가 공부를 잘할 수 있을까? 유명 학원에 등록한다고 공부가 저절로 되는 것은 아니다. 물론 가능한 한 교육환경을 잘 갖춰주는 것은 중요하다. 더욱 중요한 것은 자녀가 진정으로 좋아하고 잘 할 수

있는 일을 찾아주는 것이 부모의 제일 큰 역할이다. 그런 분야를 찾
는다면 굳이 부모가 옆에서 잔소리를 하지 않아도 저절로 자녀가 알
아서 해나갈 것이다.

스티브 잡스, 빌 게이츠, 마크 저커버그는 가정환경은 다 달랐지
만 그렇게 자신의 길을 걸어가서 위대한 업적을 쌓았다.

우리 아이는 어떤 유형일까?

IT 천재 세 사람 중 누가 가장 뛰어나다고 할 수 있을까? 여러 자료를 종합해볼 때 머리가 비상하기로는 빌 게이츠가 첫 손에 꼽히는 것 같다.

게이츠는 컴퓨터 실력도 뛰어났을 뿐 아니라 사업가적 수완도 대단했다. 게다가 그는 세 사람 가운데 가장 유복한 환경에서 자랐다. 명문 하버드에 진학하고 마이크로소프트를 세워서도 성공가도만을 달렸다. 회사가 정상에 오르고 자기도 세계 최고의 부자가 되면서 미련 없이 일선에서 물러났다. 명예롭게 은퇴한 것이다. 지금은 자선재단을 운영하면서 존경받는 기업인 반열에 올랐다.

스티브 잡스는 빌 게이츠와 상반되는 인물이다. 직관력과 창의적인 능력은 그가 제일 뛰어나다. 기술적인 재능보다는 사람의 마음을 휘어잡는 마케팅 분야에서 더욱 천재적인 재능을 발휘했다. 어려운 가정환경에도 굴하지 않고 숱한 어려움을 이겨낸 그의 삶은 더욱 매력적이다. 안타깝게도 세상을 너무 일찍 떠나 그가 펼치는 마법 같은 프레젠테이션과 환상적인 제품을 더 이상 보지 못하게 됐다는 것이 아쉬울 뿐이다.

마크 저커버그는 아직 20대여서 가능성이 무궁무진하다. 그는 빌 게이츠와 스티브 잡스의 장점을 골고루 물려받은 것처럼 보인다. 그가 페이스북을 통해 어떤 놀라운 일들을 이뤄낼지 상상만 해도 즐겁다. 다만 현재의 성공에 안주한다면 더 이상의 발전은 없을 것이다. 교만에 빠진다면 급격하게 몰락할 수도 있다. 스티브 잡스가 20대에 화려하게 비상했다가 곧 처절하게 추락했던 자신의 경험에서 배운 것이 바로 '교만하지 말라' 였다.

그렇다면 IT 천재 세 사람의 부모 중 누가 가장 뛰어나다고 할 수 있을까? IT 천재들의 부모를 비교하는 것은 무의미하다. 누가 자녀를 제일 잘 키웠는지 우열을 가릴 수가 없다. 다들 자신이 할 수 있는 최대한의 애정을 자녀에게 쏟았고, 그 사랑을 받은 아이들은 훌륭하게 성장했기 때문이다.

잡스, 게이츠, 저커버그 같은 천재를 키워내는 단 하나의 비법이 있을까? 그 답은 아직 모르겠다. 다만 한 가지 분명한 것은 자녀들이 이루고자 하는 마음을 믿어주고, 그 꿈을 이뤄낼 때까지 무한한 사랑으로 지지하고 기다려준 부모들이 바로 그 천재들의 그늘에 숨어 있었다는 점이다.

내 아이가 잡스, 게이츠, 저커버그 같은 천재로 성장하기를 원한다면, 아이의 관심과 능력, 열정을 주의 깊게 관찰하고 그 재능을 더 크게 키울 수 있도록 서포트하고자 하는 마음이 필요하다. 부모의 욕심과 희망에 따라 아이를 앞에서 질질 끌고 가거나, 뒤에서 억지로 떠밀어서는 안 된다.

천재의 뒤에는 언제나 천재를 길러낸 부모가 있었음을 기억하자.